QUINTILIAN

Institutionis Oratoriae

LIBER X

W. PETERSON

Bolchazy-Carducci Publishers, Inc.
Mundelein, Illinois USA

Cover Design
Adam Phillip Velez

**Quintilian: Institutionis Oratoriae
Liber X**

by W. Peterson

Bolchazy-Carducci Publishers, Inc.
1570 Baskin Road
Mundelein, IL 60060 USA
www.bolchazy.com

Printed in the United States of America
2009
Printed by Booksurge

ISBN-13: 978-0-86516-631-8
ISBN-10: 0-86516-631-5

Library of Congress Cataloging-in-Publication Data

PREFACE TO THE SECOND EDITION

THIS edition of the Tenth Book of Quintilian was prepared for publication in the belief that teachers of Latin may care to go outside the stereotyped list of authors for a volume which will serve not only as a text-book for class-reading but also as a manual of Greek and Roman literature.

Especially at a time when many are questioning the expediency of making both the classical languages compulsory in our higher schools and universities, increased attention may well be paid to the study of an author who gives, in one of the learned tongues, a text to which may readily be attached an outline sketch of the literature of both. Many persons, even classical scholars themselves, have been compelled to acknowledge the force of the argument that, having regard to the claims of 'other subjects,' we ought to be satisfied—at least in the case of certain types of pupil—with the discipline involved in learning one only of the two 'dead languages.' But if this means that the study of Greek is to be no longer indispensable, except for the very highest form of a liberal education, surely some opportunity should be found of giving students who do not 'take Greek' at least an elementary knowledge of the literary evolution by which, at different stages of Greek history, special forms of literary expression were devised to meet the circumstances of each succeeding age. Homer and the Epic, the lyrics of Alcaeus and Sappho, the choral poetry of Pindar, the Drama at Athens, and the various forms of Prose Composition—all these mark stages in a literary development of which the main features at least ought to be known to every person who makes any claim to have been liberally educated. They lie at the threshold of all modern literature, and they are dealt with by Quintilian, as introductory to that of his own country, in terms which are of universal import and application. If some names in his list of 'Eminent Authors' may be passed over more lightly than others, appreciative teachers of Latin will know how to make the study of the whole of his first chapter interesting to students, both as a handbook of ancient literature, and as a guide to the principles of literary criticism.

In Germany, this portion of the *Institutio* has long been a favourite in the upper forms of schools.

With some slight exceptions[1] the text is the same as that which was adopted for the larger work published in 1891.

For several suggestions by which the notes have been amended or improved, the editor is indebted to Professor Moriz Kiderlin of Munich, Mr. Purser of Trinity College, Dublin, Professor A. S. Wilkins of Manchester, Professor Wm. Ramsay of Aberdeen, and Professor Hardie of Edinburgh.

Those who may use this abridgement are referred to the larger edition for an account of the Manuscripts of Quintilian, as well as for essays on his literary criticism, language, and style.

W. P.

McGill University, Montreal
November, 1902.

[1] 1 § 58 *elegeam*: § 69 *praecipuus est. Hunc et admiratus*: § 94 *nisi labor*: § 121 *leve*: 3 § 2 *fecundior*: 7 § *elabitur*.

LIFE OF QUINTILIAN

THE date of Quintilian's birth has been variously given as A.D. 42, A.D. 38, and A.D. 35, the last being now most commonly adopted. Like many of the distinguished men of his time, he was of Spanish origin, having been born at the town of Calagurris (Calahorra), on the Ebro. His father was a teacher of rhetoric there, so that his tastes must have been in the main inherited. At a very early stage of young Quintilian's life, the family removed to Rome, where his father continued to exercise the practice of his profession. This fact, as well as the whole tendency of the education of the day, no doubt gave Quintilian's training a rhetorical turn from the very first. At Rome he came into contact with, and listened to the eloquence of, the most celebrated orators of the time. In his relations with the greatest of these, Domitius Afer, he seems to have acted on the maxim which he himself lays down for the budding advocate: *oratorem sibi aliquem, quod apud maiores fieri solebat, deligat, quem sequatur, quem imitetur*, x. 5, 19. To Afer he attached himself, and was in all probability by him initiated in the business of the law-courts and public life generally. Among other notable contemporary orators were Servilius Nonianus (1 § 102), Julius Africanus (1 § 118), Julius Secundus (1 § 120: 3 § 12), Galerius Trachalus (1 § 119), and Vibius Crispus (ibid.).

When he was about twenty-five years of age some motive induced Quintilian to return to Calagurris, his native town; and there he spent some time in the exercise of his profession as teacher and barrister. His absence cannot have extended over more than seven or eight years, for we learn that he returned to Rome with Galba in A. D. 68. This date marks the beginning of the twenty years' service during which Quintilian was the recognized head of the teaching profession in the capital. He must soon have proved himself thoroughly qualified for the work of training the young. The imperial favour afterwards shown him by Vespasian was in all probability only an official expression of the esteem felt in the Roman community for one who was serving with such distinction in a sphere of which the importance was coming now to be more adequately appreciated. Quintilian was not only a learned man and a great teacher: he was a great moral power in the midst of a people which had long been demoralised by the vices of its rulers. The fundamental principle of his teaching, *non posse oratorem esse nisi virum bonum*, shows the high ideal he cherished and the wide view he took of the opportunities of training. And he had his reward in the influence which he must have exercised over the lives and characters of his numerous pupils. The interest with which the publication of his great work was looked forward to, at the close of his laborious professional career, is ample proof of the authoritative position which he had gained for himself at Rome. It was a tribute not only to the successful teacher, but also to the man of letters who, conscious that his was an age of literary decadence, sought to probe the causes of the national decline and to counteract their evil influences.

It was after Quintilian had attained some distinction in his profession, probably in the year 72, that his activity became invested with an official and public character. The founder of a new dynasty, Vespasian was shrewd enough to appreciate the advantages to be derived from systematizing the education of the Roman youth and maintaining friendly relations with those to whom it was entrusted. He created and endowed a professorial Chair of Rhetoric, and Quintilian was its first occupant. He thus became the official head of the foremost school of oratory at Rome, and the 'supreme controller of its restless youth':

Quintiliane, vagae moderator summe iuventae,
Gloria Romanae, Quintiliane, togae.—Mart. ii. 90, 1-2.

The younger Pliny was his pupil, and evidently retained a grateful memory of the instruction which he received from him: Ep. ii. 14, 9 and vi. 6, 3. The same is true, in all probability, of Pliny's friend Tacitus, who has much in common with Quintilian: possibly also of Suetonius. If Juvenal was not actually his pupil,—he is believed to have practised declamation till well on in life,—we may infer from the complimentary references which occur in his Satires that he at least appreciated Quintilian's work and recognised its healthy influence.

After a public career at Rome, extending over a period of twenty years, Quintilian definitely retired from both teaching and pleading at the bar. He seems to have profited by the example of his model, Domitius Afer, who was criticised for not having retired earlier: Quintilian thought it was well to go while he would still be missed. The wealth which he had acquired enabled him to withdraw into private life with a light heart. The first-fruit of his leisure was a treatise in which he sought to account for that decline in eloquence for which the *Institutio Oratoria* sought afterwards to provide a remedy. It was entitled *De causis corruptae eloquentiae*, and was long confounded with the Dialogue on Oratory, now ascribed to Tacitus. Afterwards he began the compilation of his great work—the treatise that was to embody the methods and mature wisdom of his long and honourable career. While engaged in this way, he received a fresh mark of the imperial favour, this time from Domitian. This prince had adopted two grand-nephews, whom he destined to succeed him on the throne,—the children of his niece Flavia Domitilla, and of Flavius Clemens, a cousin whom he associated with himself about this time in the duties of the consulship. They were rechristened Vespasian and Domitian (Suet. Dom. 15), and the care of their education was entrusted to Quintilian (A.D. 93). He accepted the charge with fulsome expressions of gratitude and appreciation; but did not exercise it for long, as the children, with their parents, became the victims of the tyrant's capriciousness shortly before his death, and were ruined as rapidly as they had risen. Flavius Clemens was put to death, and his wife Domitilla, probably accompanied by her two sons, was sent into exile. Recent discoveries go far to prove that both Flavius and his wife had been guilty of the crime of embracing Christianity; and it is interesting to speculate on the possibility that through intercourse with them, and with their children, Quintilian may have come into contact with the religion which was destined soon afterwards to achieve so universal a triumph.

It was while he was acting as tutor to the two princes that Quintilian received, through the influence of their father Flavius Clemens, the compliment of the consular insignia. The flattery with which he loads the emperor for these and similar favours is the only stain on a character otherwise obviously manly, honourable, and full of dignity. It is startling to hear that monster of iniquity, the last of the Flavian line, invoked as an 'upright guardian of morals' (*sanctissimus censor*) even when he was 'tearing in pieces the almost lifeless world[1].' Such servility can only be partially explained by Quintilian's official relations to the Court and by the circumstances of the time at which he wrote. It was a vice of the age: Quintilian shares it with Martial, Statius, Silius Italicus, and Valerius Flaccus. The indignant silence which

[1] Postremum illud tempus quo Domitianus non iam per intervalla ac spiramenta temporum, sed continuo et velut uno ictu rem publicam exhausit.—Tac. Agric. xliv.

Tacitus and Juvenal maintained during the horrors of this reign is a better expression of the virtue of old Rome, which seems to have burned with steadier flame in the hearts of her genuine sons than in those of the 'new men' from the provinces, with neither pride of family nor pride of nationality to save them from the corrupting influences of their surroundings.

That Quintilian acquired considerable wealth, partly as a teacher and partly by work at the bar, is evident from the pointed references made by Juvenal in the Seventh Satire. After showing how insignificant are the fees paid by Roman parents for their children's education, when compared with their other expenses, the satirist suddenly breaks off,—*unde igitur tot Quintilianus habet saltus?* How does it come about (if his profession is so unremunerative) that Quintilian owns so many estates? The only answer which Juvenal can give is that the great teacher was one of the fortunate: 'he is a lucky man, and your lucky man, like Horace's Stoic, unites every good quality in himself, and can expect everything.' But with Quintilian, as with so many others, the advantages of position and fortune were counterbalanced by grave domestic losses. In a less rhetorical age the memorable introduction to the Sixth Book of the *Institutio* would perhaps have taken a rather more simple form; but it is none the less a testimony to the warm human heart of the writer, now a childless widower. He had married, when already well on in life, a young girl whose death at the early age of nineteen made him feel as if in her he had lost a daughter rather than a wife: *cum omni virtute quae in feminas cadit functa insanabilem attulit marito dolorem, tum aetate tam puellari, praesertim meae comparata, potest et ipsa numerari inter vulnera orbitatis* vi. pr. 5. She left him two sons, the younger of whom did not long survive her; he had just completed his fifth year when he died. The father now concentrated all his affection on the elder, and it was with his education in view that he made all haste to complete his great work, which he considered would be the best inheritance he could leave him,—*hanc optimam partem relicturus hereditatis videbar, ut si me, quod aequum et optabile fuit, fata intercepissent, praeceptore tamen patre uteretur* ib. § 1. But the blow again descended, and his house was desolate: *at me fortuna id agentem diebus ac noctibus festinantemque metu meae mortalitatis ita subito prostravit ut laboris mei fructus ad neminem minus quam ad me pertineret. Illum enim, de quo summa conceperam et in quo spem unicam senectutis reponebam, repetito vulnere orbitatis amisi* ib. § 2.

This would be about the year 94 A. D., and the *Institutio Oratoria* is said to have seen the light in 95. After that we hear no more of Quintilian. Domitian was assassinated in 96, and during the new *régime* it is possible that the favourite of the Flavian emperors may have been under a cloud. But his work was done; even if he lived on for a few years longer in retirement, his career had virtually closed with the publication of his great treatise. It used to be believed that he lived into the reign of Hadrian, and died about 118 A. D., but this idea is founded on a misconception. Probably he did not even see the accession of Nerva in 96: if he did, he must have died soon afterwards, for there are two letters of Pliny's (one written between 97 and 100, and the other about 105) in which Pliny speaks of his old teacher, but not as of one still alive.

The *Institutio Oratoria* differs from all other previous rhetorical treatises in the comprehensiveness of its aim and method. It is a complete manual for the training of the orator, from his cradle to the public platform. Founding on old Cato's maxim, that the orator is the *vir bonus dicendi peritus*, Quintilian considers it necessary to take him at birth in order to secure the best results, as regards both goodness of character and skill in speaking. His work has therefore for us a double value and a twofold interest: it is a treatise on education in general, and on rhetorical education in particular. Throughout the whole, oratory is the end for the sake of which everything is undertaken,—the goal to which the entire moral and intellectual training of the student is to be directed. Though the field for the practical display of eloquence had been greatly limited by the extinction of the old freedom of political life, rhetoric represented, in Quintilian's day, the whole of education. It was to the Romans what μουσική was to the Greeks, and was valued all the more by them because of its eminently practical purpose. The student of rhetoric must therefore be fully equipped. 'Quintilian postulates the widest culture: there is no form of knowledge from which something may not be extracted for his purpose; and he is fully alive to the importance of method in education. He ridicules the fashion of the day, which hurried over preliminary cultivation, and allowed men to grow grey while declaiming in the schools, where nature and reality were forgotten. Yet he developes all the technicalities of rhetoric with a fulness to which we find no parallel in ancient literature. Even in this portion of the work the illustrations are so apposite and the style so dignified and yet sweet, that the modern reader, whose initial interest in rhetoric is of necessity faint, is carried along with much less fatigue than is necessary to master most parts of the rhetorical writings of Aristotle and Cicero. At all times the student feels that he is in the company of a high-toned Roman gentleman who, so far as he could do without ceasing to be a Roman, has taken up into his nature the best results of ancient culture in all its forms [1].'

Poggio's discovery, at St. Gall in 1416, of a complete manuscript of the *Institutio Oratoria* was one of the most important events in the era of the Renaissance. Quintilian came at once to be regarded as one of the most important writers of classical antiquity. At a time when rhetoric

[1] Dr. Reid in the *Encyclopaedia Britannica*.

formed so great a part of education, it was natural that his systematic treatise should form an essential part of the ordinary curriculum. He took rank, in fact, alongside of Aristotle and Cicero. Admiration for him was carried to such a pitch that at Leipzig the professor of eloquence was designated *Quintiliani professor*. Luther was one of his greatest admirers, preferring him to almost every other writer; and Erasmus was a diligent student of his works. He is one of the authorities constantly quoted in Roger Ascham's *Scholemaster*. Milton, with whom he was evidently a favourite (Sonnet xi), strongly recommends the study of the *Institutio* in his *Tractate on Education*. Johnson's *Lives of the Poets* owes much to the writer's familiarity with the Tenth Book; 'the terse and epigrammatic judgments, at once narrowly discriminating and superficially just, which Quintilian passes on the Greek and Roman authors, are the exact counterparts, as well in spirit and sentiment as in expression, to Johnson's judgments on our own poets[1].' In the end of last century we find students of oratory such as William Pitt devoting special attention at Cambridge to Quintilian's system. In our own day men whose education was moulded on the old lines, such as J. S. Mill, considered Quintilian an indispensable part of a scholar's equipment. Sir Robert Peel and Mr. Croker used to meet together to study him over a cup of coffee. Macaulay read him in India, along with the rest of classical literature. Lord Beaconsfield professed to be 'very fond' of him. If the different conditions which now exist in regard to education have displaced his treatise as a whole from our schools and universities, it should be none the less possible to secure for those parts of it which, like the Tenth Book, are of lasting value an interested reception from many classes of readers.

[1] Churton Collins, *The Study of English Literature*, p. 84.

ANALYSIS

CHAPTER I.

How to acquire a command of Diction.

Introductory. Importance of reading, §§ 1–26. The study of Poetry, History, and Philosophy, §§ 27–36. What authors are most profitable for the formation of style, §§ 37–45.

§§ 46–84. A survey of Greek Literature.

§§ 46–72. Greek Poetry. Epic, didactic, pastoral, elegiac, iambic, and lyric, §§ 46–64. Dramatic §§ 65–72.

§§ 73–75. Greek History.

§§ 76–80. Greek Oratory.

§§ 81–84. Greek Philosophy.

§§ 85–131. A survey of Roman Literature.

§§ 85–100. Roman Poetry. Epic Poetry, §§ 85–92. Elegy, Satire, iambic and lyric poetry, §§ 93–96. Dramatic Poetry, §§ 97–100.

§§ 101–104. Roman History.

§§ 105–122. Roman Oratory.

§§ 123–131. Roman Philosophy.

CHAPTER II.

Of Imitation.

Imitation a natural instinct, §§ 1–3: but not sufficient for progress, §§ 4–13. The choice of models, §§ 14–18: dependent on the individual, §§ 19–21; and on the kind of composition §§ 21–28.

CHAPTER III.

How to Write.

Importance of writing, §§ 1–4. A warning against hasty composition, §§ 5–18. Of dictating to an amanuensis, §§ 19–21. Solitude helpful to literary activity, §§ 22–27: but not indispensable, §§ 28–30. Of writing materials, §§ 31–33.

CHAPTER IV.

Of Revision—its uses and limitations.

CHAPTER V.

What to Write.

Translation and Paraphrase, §§ 1–11. The writing of declamations, and other preparatory exercises, §§ 11–16. The study of living models, §§ 17–20. How to avoid superficial showiness, §§ 21–23.

CHAPTER VI.

Of Meditation.

Meditation lies half-way between writing and improvisation, and is much used §§ 1–4: but should not make us the slaves of our prepared thoughts or shut the door against sudden inspirations, §§ 5–7.

CHAPTER VII.

Of Extempore Speaking.

The ability to speak *ex tempore* is the richest fruit of study and application, §§ 1–4.

§§ 5–23. Practical hints for success in this department: arrangement, §§ 5–7: the practice of reading, writing, and speaking, §§ 7–14: the exercise of imagination, §§ 15–17: the importance of attending to subject-matter, §§ 18–23.

§§ 24–29. Practice makes perfect. Writing gives exactness to speech, speech readiness to writing.

§§ 30–33. Of notes and abstracts.

M. FABI QUINTILIANI
INSTITUTIONIS ORATORIAE
LIBER DECIMUS

De Copia Verborum.

I. Sed haec eloquendi praecepta, sicut cognitioni sunt
necessaria, ita non satis ad vim dicendi valent, nisi illis
firma quaedam facilitas, quae apud Graecos ἕξις nominatur,
accesserit; ad quam scribendo plus an legendo an dicendo
conferatur, solere quaeri scio. Quod esset diligentius
nobis examinandum, si qualibet earum rerum possemus
una esse contenti: verum ita sunt inter se conexa et 2
indiscreta omnia ut, si quid ex his defuerit, frustra sit in
ceteris laboratum. Nam neque solida atque robusta fuerit
umquam eloquentia nisi multo stilo vires acceperit, et citra
lectionis exemplum labor ille carens rectore fluitabit; et
qui sciet quae quoque sint modo dicenda, nisi tamen in
procinctu paratamque ad omnes casus habuerit eloquen-
tiam, velut clausis thesauris incubabit. Non autem ut 3
quidquid praecipue necessarium est, sic ad efficiendum
oratorem maximi protinus erit momenti. Nam certe, cum
sit in eloquendo positum oratoris officium, dicere ante

omnia est, atque hinc initium eius artis fuisse manifestum
est: proximum deinde imitatio, novissimum scribendi quo-
4 que diligentia. Sed ut perveniri ad summa nisi ex prin-
cipiis non potest, ita procedente iam opere minima in-
cipiunt esse quae prima sunt. Verum nos non quo modo
sit instituendus orator hoc loco dicimus (nam id quidem
aut satis aut certe uti potuimus dictum est), sed athleta,
qui omnes iam perdidicerit a praeceptore numeros, quo
genere exercitationis ad certamina praeparandus sit. Igitur
eum qui res invenire et disponere sciet, verba quoque et
eligendi et collocandi rationem perceperit, instruamus qua
ratione quod didicerit facere quam optime, quam facillime
possit.

5 Non ergo dubium est quin ei velut opes sint quaedam
parandae, quibus uti, ubicumque desideratum erit, possit:
6 eae constant copia rerum ac verborum. Sed res propriae
sunt cuiusque causae aut paucis communes, verba in uni-
versas paranda; quae si rebus singulis essent singula,
minorem curam postularent, nam cuncta sese cum ipsis
protinus rebus offerrent. Sed cum sint aliis alia aut magis
propria aut magis ornata aut plus efficientia aut melius
sonantia, debent esse non solum nota omnia, sed in
promptu atque, ut ita dicam, in conspectu, ut, cum se
iudicio dicentis ostenderint, facilis ex his optimorum sit
7 electio. Et quae idem significarent solitos scio ediscere,
quo facilius et occurreret unum ex pluribus, et, cum essent
usi aliquo, si breve intra spatium rursus desideraretur,
effugiendae repetitionis gratia sumerent aliud quo idem
intellegi posset. Quod cum est puerile et cuiusdam in-
felicis operae, tum etiam utile parum: turbam tantum
modo congregat, ex qua sine discrimine occupet proxi-
mum quodque.

Nobis autem copia cum iudicio paranda est, vim orandi 8
non circulatoriam volubilitatem spectantibus. Id autem
consequemur optima legendo atque audiendo; non enim
solum nomina ipsa rerum cognoscemus hac cura, sed
quod quoque loco sit aptissimum. Omnibus enim fere 9
verbis praeter pauca, quae sunt parum verecunda, in
oratione locus est. Nam scriptores quidem iamborum
veterisque comoediae etiam in illis saepe laudantur, sed
nobis nostrum opus intueri sat est. Omnia verba, ex-
ceptis de quibus dixi, sunt alicubi optima; nam et humi-
libus interim et vulgaribus est opus, et quae nitidiore in
parte videntur sordida, ubi res poscit, proprie dicuntur.
Haec ut sciamus atque eorum non significationem modo, 10
sed formas etiam mensurasque norimus, ut ubicumque
erunt posita conveniant, nisi multa lectione atque auditione
adsequi nullo modo possumus, cum omnem sermonem
auribus primum accipiamus. Propter quod infantes a
mutis nutricibus iussu regum in solitudine educati, etiam si
verba quaedam emisisse traduntur, tamen loquendi facul-
tate caruerunt. Sunt autem alia huius naturae, ut idem 11
pluribus vocibus declarent, ita ut nihil significationis, quo
potius utaris, intersit, ut 'ensis' et 'gladius'; alia vero,
etiam si propria rerum aliquarum sint nomina, τροπικῶς
quasi tamen ad eundem intellectum feruntur, ut 'ferrum'
et 'mucro'. Nam per abusionem sicarios etiam omnes 12
vocamus qui caedem telo quocumque commiserunt. Alia
circuitu verborum plurium ostendimus, quale est 'et pressi
copia lactis.' Plurima vero mutatione figuramus: scio
'non ignoro' et 'non me fugit' et 'non me praeterit' et
'quis nescit?' et 'nemini dubium est'. Sed etiam ex 13
proximo mutuari licet. Nam et 'intellego' et 'sentio' et
'video' saepe idem valent quod 'scio'. Quorum nobis

ubertatem ac divitias dabit lectio, ut non solum quo modo
14 occurrent, sed etiam quo modo oportet utamur. Non
semper enim haec inter se idem faciunt, nec sicut de in-
tellectu animi recte dixerim 'video', ita de visu oculorum
'intellego', nec ut 'mucro' gladium, sic mucronem
15 'gladius' ostendit. Sed ut copia verborum sic paratur,
ita non verborum tantum gratia legendum vel audiendum
est. Nam omnium, quaecumque docemus, hoc sunt ex-
empla potentiora etiam ipsis quae traduntur artibus (cum
eo qui discit perductus est, ut intellegere ea sine demon-
strante et sequi iam suis viribus possit), quia quae doctor
praecepit orator ostendit.

16 Alia vero audientes, alia legentes magis adiuvant.
Excitat qui dicit spiritu ipso, nec imagine et ambitu rerum,
sed rebus incendit. Vivunt omnia enim et moventur,
excipimusque nova illa velut nascentia cum favore ac
sollicitudine. Nec fortuna modo iudicii, sed etiam ipsorum
17 qui orant periculo adficimur. Praeter haec vox, actio
decora, accommodata, ut quisque locus postulabit, pronun-
tiandi (vel potentissima in dicendo) ratio et, ut semel
dicam, pariter omnia docent. In lectione certius iudicium,
quod audienti frequenter aut suus cuique favor aut ille
18 laudantium clamor extorquet. Pudet enim dissentire, et
velut tacita quadam verecundia inhibemur plus nobis
credere, cum interim et vitiosa pluribus placent, et a con-
19 rogatis laudantur etiam quae non placent. Sed e con-
trario quoque accidit ut optime dictis gratiam prava
iudicia non referant. Lectio libera est nec actionis
impetu transcurrit, sed repetere saepius licet, sive dubites
sive memoriae penitus adfigere velis. Repetamus autem
et tractemus et, ut cibos mansos ac prope liquefactos
demittimus, quo facilius digerantur, ita lectio non cruda,

sed multa iteratione mollita et velut confecta memoriae
imitationique tradatur.

Ac diu non nisi optimus quisque et qui credentem 20
sibi minime fallat legendus est, sed diligenter ac paene
ad scribendi sollicitudinem; nec per partes modo scru-
tanda omnia, sed perlectus liber utique ex integro re-
sumendus, praecipueque oratio, cuius virtutes frequenter
ex industria quoque occultantur. Saepe enim praeparat, 21
dissimulat, insidiatur orator, eaque in prima parte actionis
dicit quae sunt in summa profutura. Itaque suo loco minus
placent, adhuc nobis quare dicta sint ignorantibus; ideoque
erunt cognitis omnibus repetenda. Illud vero utilissimum, 22
nosse eas causas quarum orationes in manus sumpserimus,
et, quotiens continget, utrimque habitas legere actiones:
ut Demosthenis et Aeschinis inter se contrarias, et Servi
Sulpici atque Messallae, quorum alter pro Aufidia, contra
dixit alter, et Pollionis et Cassi reo Asprenate aliasque
plurimas. Quin etiam si minus pares videbuntur aliquae, 23
tamen ad cognoscendam litium quaestionem recte requir-
entur, ut contra Ciceronis orationes Tuberonis in Liga-
rium et Hortensi pro Verre. Quin etiam easdem causas
ut quisque egerit utile erit scire. Nam de domo Ciceronis
dixit Calidius et pro Milone orationem Brutus exercita-
tionis gratia scripsit, etiam si egisse eum Cornelius Celsus
falso existimat, et Pollio et Messalla defenderunt eosdem,
et nobis pueris insignes pro Voluseno Catulo Domiti
Afri, Crispi Passieni, Decimi Laeli orationes ferebantur.

Neque id statim legenti persuasum sit, omnia quae 24
optimi auctores dixerint utique esse perfecta. Nam et
labuntur aliquando et oneri cedunt et indulgent ingeni-
orum suorum voluptati, nec semper intendunt animum;
nonnumquam fatigantur, cum Ciceroni dormitare interim

Demosthenes, Horatio vero etiam Homerus ipse videatur.
25 Summi enim sunt, homines tamen, acciditque his qui,
quidquid apud illos reppererunt, dicendi legem putant, ut
deteriora imitentur (id enim est facilius) ac se abunde
26 similes putent si vitia magnorum consequantur. Modesto
tamen et circumspecto iudicio de tantis viris pronuntian-
dum est, ne, quod plerisque accidit, damnent quae non
intellegunt. Ac si necesse est in alteram errare partem,
omnia eorum legentibus placere quam multa displicere
maluerim.

27 Plurimum dicit oratori conferre Theophrastus lectionem
poetarum multique eius iudicium sequuntur, neque im-
merito. Namque ab his in rebus spiritus et in verbis
sublimitas et in adfectibus motus omnis et in personis
decor petitur, praecipueque velut attrita cotidiano actu
forensi ingenia optime rerum talium blanditia reparantur;
ideoque in hac lectione Cicero requiescendum putat.
28 Meminerimus tamen non per omnia poetas esse oratori
sequendos nec libertate verborum nec licentia figurarum:
poeticam ostentationi comparatam et praeter id quod
solam petit voluptatem, eamque etiam fingendo non falsa
modo sed etiam quaedam incredibilia sectatur, patrocinio
29 quoque aliquo iuvari, quod adligata ad certam pedum
necessitatem non semper uti propriis possit, sed depulsa
recta via necessario ad eloquendi quaedam deverticula
confugiat, nec mutare quaedam modo verba, sed extendere,
conripere, convertere, dividere cogatur: nos vero armatos
stare in acie et summis de rebus decernere et ad victoriam
30 niti. Neque ego arma squalere situ ac rubigine velim,
sed fulgorem in iis esse qui terreat, qualis est ferri, quo
mens simul visusque praestringitur, non qualis auri argen-
tique, imbellis et potius habenti periculosus.

Historia quoque alere oratorem quodam uberi iucun- 31
doque suco potest; verum et ipsa sic est legenda ut
sciamus plerasque eius virtutes oratori esse vitandas. Est
enim proxima poetis et quodam modo carmen solutum,
et scribitur ad narrandum, non ad probandum, totumque
opus non ad actum rei pugnamque praesentem, sed ad
memoriam posteritatis et ingenii famam componitur;
ideoque et verbis remotioribus et liberioribus figuris nar-
randi taedium evitat. Itaque, ut dixi, neque illa Sallustiana 32
brevitas, qua nihil apud aures vacuas atque eruditas potest
esse perfectius, apud occupatum variis cogitationibus
iudicem et saepius ineruditum captanda nobis est, neque
illa Livi lactea ubertas satis docebit eum qui non speciem
expositionis, sed fidem quaerit. Adde quod M. Tullius 33
ne Thucydiden quidem aut Xenophontem utiles oratori
putat, quamquam illum 'bellicum canere,' huius 'ore
Musas esse locutas' existimet. Licet tamen nobis in
digressionibus uti vel historico nonnumquam nitore, dum
in his de quibus erit quaestio meminerimus non athletarum
toris, sed militum lacertis opus esse, nec versicolorem illam,
qua Demetrius Phalereus dicebatur uti, vestem bene ad
forensem pulverem facere. Est et alius ex historiis usus 34
et is quidem maximus, sed non ad praesentem pertinens
locum, ex cognitione rerum exemplorumque, quibus in
primis instructus esse debet orator, ne omnia testimonia
exspectet a litigatore, sed pleraque ex vetustate diligenter
sibi cognita sumat, hoc potentiora, quod ea sola criminibus
odii et gratiae vacant.

A philosophorum vero lectione ut essent multa nobis 35
petenda vitio factum est oratorum, qui quidem illis optima
sui operis parte cesserunt. Nam et de iustis, honestis,
utilibus iisque quae sunt istis contraria, et de rebus divinis

maxime dicunt et argumentantur acriter Stoici, et alterca-
tionibus atque interrogationibus oratorem futurum optime
36 Socratici praeparant. Sed his quoque adhibendum est
simile iudicium, ut etiam cum in rebus versemur isdem
non tamen eandem esse condicionem sciamus litium ac
disputationum, fori et auditorii, praeceptorum et peri-
culorum.

37 Credo exacturos plerosque, cum tantum esse utilitatis
in legendo iudicemus, ut id quoque adiungamus operi,
qui sint legendi, quae in auctore quoque praecipua virtus.
38 Sed persequi singulos infiniti fuerit operis. Quippe cum
in Bruto M. Tullius tot milibus versuum de Romanis
tantum oratoribus loquatur et tamen de omnibus aetatis
suae [quibuscum vivebat], exceptis Caesare atque Mar-
cello, silentium egerit, quis erit modus si et illos et qui
postea fuerunt et Graecos omnes persequamur [et philoso-
39 phos]? Fuit igitur brevitas illa tutissima quae est apud
Livium in epistula ad filium scripta, 'legendos De-
mosthenen atque Ciceronem, tum ita, ut quisque esset
40 Demostheni et Ciceroni simillimus.' Non est dissimul-
anda nostri quoque iudicii summa. Paucos enim vel
potius vix ullum ex his qui vetustatem pertulerunt existimo
posse reperiri, quin iudicium adhibentibus adlaturus sit
utilitatis aliquid, cum se Cicero ab illis quoque vetustis-
simis auctoribus, ingeniosis quidem, sed arte carentibus,
41 plurimum fateatur adiutum. Nec multo aliud de novis
sentio; quotus enim quisque inveniri tam demens potest,
qui ne minima quidem alicuius certe fiducia partis memo-
riam posteritatis speraverit? Qui si quis est, intra primos
statim versus deprehendetur, et citius nos dimittet quam
ut eius nobis magno temporis detrimento constet experi-
42 mentum. Sed non quidquid ad aliquam partem scientiae

pertinet, protinus ad faciendam φράσιν, de qua loquimur, accommodatum.

Verum antequam de singulis loquar, pauca in universum
de varietate opinionum dicenda sunt. Nam quidam solos 43
veteres legendos putant neque in ullis aliis esse naturalem
eloquentiam et robur viris dignum arbitrantur, alios recens
haec lascivia deliciaeque et omnia ad voluptatem multitud-
inis imperitae composita delectant. Ipsorum etiam qui 44
rectum dicendi genus sequi volunt, alii pressa demum et
tenuia atque quae minimum ab usu cotidiano recedant,
sana et vere Attica putant; quosdam elatior ingenii vis et
magis concitata et plena spiritus capit; sunt etiam lenis
et nitidi et compositi generis non pauci amatores. De
qua differentia disseram diligentius, cum de genere dicendi
quaerendum erit: interim summatim, quid et a qua lec-
tione petere possint qui confirmare facultatem dicendi
volent, attingam: paucos enim, qui sunt eminentissimi, 45
excerpere in animo est. Facile est autem studiosis, qui
sint his simillimi, iudicare, ne quisquam queratur omissos
forte aliquos quos ipse valde probet; fateor enim plures
legendos esse quam qui a me nominabuntur. Sed nunc
genera ipsa lectionum, quae praecipue convenire intend-
entibus ut oratores fiant existimem, persequar.

Igitur, ut Aratus ab Iove incipiendum putat, ita nos 46
rite coepturi ab Homero videmur. Hic enim, quem ad
modum ex Oceano dicit ipse omnium fluminum fontium-
que cursus initium capere, omnibus eloquentiae partibus
exemplum et ortum dedit. Hunc nemo in magnis rebus
sublimitate, in parvis proprietate superaverit. Idem laetus
ac pressus, iucundus et gravis, tum copia tum brevitate
mirabilis, nec poetica modo, sed oratoria virtute eminent-
issimus. Nam ut de laudibus, exhortationibus, conso- 47

lationibus taceam, nonne vel nonus liber, quo missa ad
Achillen legatio continetur, vel in primo inter duces illa
contentio vel dictae in secundo sententiae omnes litium
48 ac consiliorum explicant artes? Adfectus quidem vel
illos mites vel hos concitatos nemo erit tam indoctus qui
non in sua potestate hunc auctorem habuisse fateatur.
Age vero, non utriusque operis sui ingressu in paucis-
simis versibus legem prooemiorum non dico servavit,
sed constituit? Nam benevolum auditorem invocatione
dearum quas praesidere vatibus creditum est, et intentum
proposita rerum magnitudine, et docilem summa celeriter
49 comprehensa facit. Narrare vero quis brevius quam qui
mortem nuntiat Patrocli, quis significantius potest quam
qui Curetum Aetolorumque proelium exponit? Iam
similitudines, amplificationes, exempla, digressus, signa
rerum et argumenta ceteraque genera probandi ac re-
futandi sunt ita multa ut etiam qui de artibus scripserunt
plurima earum rerum testimonia ab hoc poeta petant.
50 Nam epilogus quidem quis umquam poterit illis Priami
rogantis Achillen precibus aequari? Quid? In verbis,
sententiis, figuris, dispositione totius operis nonne humani
ingenii modum excedit? ut magni sit virtutes eius non
aemulatione, quod fieri non potest, sed intellectu sequi.
51 Verum hic omnes sine dubio et in omni genere elo-
quentiae procul a se reliquit, epicos tamen praecipue,
videlicet quia clarissima in materia simili comparatio est.
52 Raro adsurgit Hesiodus magnaque pars eius in nomin-
ibus est occupata, tamen utiles circa praecepta sententiae
levitasque verborum et compositionis probabilis, daturque
53 ei palma in illo medio genere dicendi. Contra in
Antimacho vis et gravitas et minime vulgare eloquendi
genus habet laudem. Sed quamvis ei secundas fere

grammaticorum consensus deferat, et adfectibus et iu-
cunditate et dispositione et omnino arte deficitur, ut
plane manifesto appareat quanto sit aliud proximum
esse, aliud secundum. PANYASIN, ex utroque mixtum, 54
putant in eloquendo neutrius aequare virtutes, alterum
tamen ab eo materia, alterum disponendi ratione superari.
APOLLONIUS in ordinem a grammaticis datum non venit,
quia Aristarchus atque Aristophanes poetarum iudices
neminem sui temporis in numerum redegerunt; non
tamen contemnendum reddidit opus aequali quadam
mediocritate. ARATI materia motu caret, ut in qua nulla 55
varietas, nullus adfectus, nulla persona, nulla cuiusquam
sit oratio; sufficit tamen operi cui se parem credidit.
Admirabilis in suo genere THEOCRITUS, sed musa illa
rustica et pastoralis non forum modo, verum ipsam etiam
urbem reformidat. Audire videor undique congerentes 56
nomina plurimorum poetarum. Quid? Herculis acta
non bene PISANDROS? NICANDRUM frustra secuti Macer
atque Vergilius? Quid? EUPHORIONEM transibimus?
Quem nisi probasset Vergilius idem, numquam certe
'conditorum Chalcidico versu carminum' fecisset in
Bucolicis mentionem. Quid? Horatius frustra TYR-
TAEUM Homero subiungit? Nec sane quisquam est tam 57
procul a cognitione eorum remotus ut non indicem certe
ex bibliotheca sumptum transferre in libros suos possit.
Nec ignoro igitur quos transeo nec utique damno, ut qui
dixerim esse in omnibus utilitatis aliquid. Sed ad illos 58
iam perfectis constitutisque viribus revertemur, quod in
cenis grandibus saepe facimus, ut cum optimis satiati
sumus, varietas tamen nobis ex vilioribus grata sit. Tunc
et elegeam vacabit in manus sumere, cuius princeps
habetur CALLIMACHUS, secundas confessione plurimorum

59 Philetas occupavit. Sed dum adsequimur illam firmam, ut dixi, facilitatem, optimis adsuescendum est et multa magis quam multorum lectione formanda mens et ducendus color. Itaque ex tribus receptis Aristarchi iudicio scriptoribus iamborum ad ἕξιν maxime pertinebit unus
60 Archilochus. Summa in hoc vis elocutionis, cum validae tum breves vibrantesque sententiae, plurimum sanguinis atque nervorum, adeo ut videatur quibusdam, quod quoquam minor est, materiae esse, non ingenii vitium.
61 Novem vero lyricorum longe Pindarus princeps spiritu magnificentia, sententiis figuris, beatissima rerum verborumque copia et velut quodam eloquentiae flumine; propter quae Horatius eum merito credidit nemini imita-
62 bilem. Stesichorum, quam sit ingenio validus, materiae quoque ostendunt, maxima bella et clarissimos canentem duces et epici carminis onera lyra sustinentem. Reddit enim personis in agendo simul loquendoque debitam dignitatem, ac si tenuisset modum, videtur aemulari proximus Homerum potuisse; sed redundat atque effunditur, quod ut est reprehendendum, ita copiae vitium est.
63 Alcaeus in parte operis 'aureo plectro' merito donatur, qua tyrannos insectatus multum etiam moribus confert, in eloquendo quoque brevis et magnificus et diligens et plerumque oratori similis; sed et lusit et in amores
64 descendit, maioribus tamen aptior. Simonides, tenuis alioqui, sermone proprio et iucunditate quadam commendari potest; praecipua tamen eius in commovenda miseratione virtus, ut quidam in hac eum parte omnibus eius operis auctoribus praeferant.

65 Antiqua comoedia cum sinceram illam sermonis Attici gratiam prope sola retinet, tum facundissimae libertatis est et in insectandis vitiis praecipua; plurimum tamen

Cum... tum = Both/and

Nervus: Sinew, Muscle
Debitam < Debeo: Keep back
Alloqui: In other respects
Facundus: Eloquent

virium etiam in ceteris partibus habet. Nam et grandis
et elegans et venusta, et nescio an ulla, post Homerum
tamen, quem ut Achillen semper excipi par est, aut
similior sit oratoribus aut ad oratores faciendos aptior.
Plures eius auctores, Aristophanes tamen et Eupolis 66
Cratinusque praecipui. Tragoedias primus in lucem
Aeschylus protulit, sublimis et gravis et grandiloquus
saepe usque ad vitium, sed rudis in plerisque et incom-
positus; propter quod correctas eius fabulas in certamen
deferre posterioribus poetis Athenienses permiserunt,
suntque eo modo multi coronati. Sed longe clarius in- 67
lustraverunt hoc opus Sophocles atque Euripides, quorum
in dispari dicendi via uter sit poeta melior inter plurimos
quaeritur. Idque ego sane, quoniam ad praesentem
materiam nihil pertinet, iniudicatum relinquo. Illud
quidem nemo non fateatur necesse est, iis qui se ad
agendum comparant utiliorem longe fore Euripiden.
Namque is et sermone (quod ipsum reprehendunt quibus 68
gravitas et cothurnus et sonus Sophocli videtur esse
sublimior) magis accedit oratorio generi, et sententiis
densus et in iis quae a sapientibus tradita sunt paene
ipsis par, et dicendo ac respondendo cuilibet eorum qui
fuerunt in foro diserti comparandus; in adfectibus vero
cum omnibus mirus, tum in iis qui in miseratione con-
stant facile praecipuus est. Hunc et admiratus maxime 69
est, ut saepe testatur, et secutus, quamquam in opere
diverso, Menander, qui vel unus meo quidem iudicio
diligenter lectus ad cuncta quae praecipimus effingenda
sufficiat: ita omnem vitae imaginem expressit, tanta in
eo inveniendi copia et eloquendi facultas, ita est omnibus
rebus, personis, adfectibus accommodatus. Nec nihil 70
profecto viderunt qui orationes, quae Charisi nomini

addicuntur, a Menandro scriptas putant. Sed mihi longe magis orator probari in opere suo videtur, nisi forte aut illa iudicia, quae Epitrepontes, Epicleros, Locroe habent, aut meditationes in Psophodee, Nomothete, Hypoboli-
71 maeo non omnibus oratoriis numeris sunt absolutae. Ego tamen plus adhuc quiddam collaturum eum declamatoribus puto, quoniam his necesse est secundum condicionem controversiarum plures subire personas, patrum filiorum, militum rusticorum, divitum pauperum, irascentium deprecantium, mitium asperorum; in quibus omnibus mire
72 custoditur ab hoc poeta decor. Atque ille quidem omnibus eiusdem operis auctoribus abstulit nomen et fulgore quodam suae claritatis tenebras obduxit. Tamen habent alii quoque comici, si cum venia leguntur, quaedam quae possis decerpere, et praecipue PHILEMON; qui ut prave sui temporis iudiciis Menandro saepe praelatus est, ita consensu tamen omnium meruit credi secundus.

73 Historiam multi scripsere praeclare, sed nemo dubitat longe duos ceteris praeferendos, quorum diversa virtus laudem paene est parem consecuta. Densus et brevis et semper instans sibi THUCYDIDES, dulcis et candidus et fusus HERODOTUS: ille concitatis hic remissis adfectibus melior, ille contionibus hic sermonibus, ille vi hic volup-
74 tate. THEOPOMPUS his proximus ut in historia praedictis minor, ita oratori magis similis, ut qui, antequam est ad hoc opus sollicitatus, diu fuerit orator. PHILISTUS quoque meretur qui turbae quamvis bonorum post eos auctorum eximatur, imitator Thucydidi et ut multo infirmior, ita aliquatenus lucidior. EPHORUS, ut Isocrati visum, calcaribus eget. CLITARCHI probatur ingenium, fides infamatur.
75 Longo post intervallo temporis natus TIMAGENES vel hoc est ipso probabilis, quod intermissam historias scribendi

industriam nova laude reparavit. Xenophon non excidit
mihi, sed inter philosophos reddendus est.

Sequitur oratorum ingens manus, ut cum decem simul 76
Athenis aetas una tulerit. Quorum longe princeps De-
mosthenes ac paene lex orandi fuit: tanta vis in eo, tam
densa omnia, ita quibusdam nervis intenta sunt, tam nihil
otiosum, is dicendi modus, ut nec quod desit in eo nec
quod redundet invenias. Plenior Aeschines et magis 77
fusus et grandiori similis, quo minus strictus est; carnis
tamen plus habet, minus lacertorum. Dulcis in primis
et acutus Hyperides, sed minoribus causis—ut non
dixerim utilior—magis par. His aetate Lysias maior, 78
subtilis atque elegans et quo nihil, si oratori satis sit
docere, quaeras perfectius; nihil enim est inane, nihil
arcessitum, puro tamen fonti quam magno flumini pro-
pior. Isocrates in diverso genere dicendi nitidus et 79
comptus et palaestrae quam pugnae magis accommodatus
omnes dicendi veneres sectatus est, nec immerito: au-
ditoriis enim se, non iudiciis compararat: in inventione
facilis, honesti studiosus, in compositione adeo diligens
ut cura eius reprehendatur. Neque ego in his de quibus 80
sum locutus has solas virtutes, sed has praecipuas puto,
nec ceteros parum fuisse magnos. Quin etiam Phalerea
illum Demetrium, quamquam is primum inclinasse elo-
quentiam dicitur, multum ingenii habuisse et facundiae
fateor, vel ob hoc memoria dignum, quod ultimus est fere
ex Atticis qui dici possit orator; quem tamen in illo
medio genere dicendi praefert omnibus Cicero.

Philosophorum, ex quibus plurimum se traxisse elo- 81
quentiae M. Tullius confitetur, quis dubitet Platonem
esse praecipuum sive acumine disserendi sive eloquendi
facultate divina quadam et Homerica? Multum enim

supra prosam orationem et quam pedestrem Graeci vocant surgit, ut mihi non hominis ingenio, sed quodam
82 Delphici videatur oraculo dei instinctus. Quid ego commemorem XENOPHONTIS illam iucunditatem inadfectatam, sed quam nulla consequi adfectatio possit? ut ipsae sermonem finxisse Gratiae videantur, et quod de Pericle veteris comoediae testimonium est in hunc transferri iustissime possit, in labris eius sedisse quandam persuad-
83 endi deam. Quid reliquorum Socraticorum elegantiam? Quid ARISTOTELEN? Quem dubito scientia rerum an scriptorum copia an eloquendi suavitate an inventionum acumine an varietate operum clariorem putem. Nam in THEOPHRASTO tam est loquendi nitor ille divinus ut ex eo
84 nomen quoque traxisse dicatur. Minus indulsere eloquentiae Stoici veteres, sed cum honesta suaserunt tum in colligendo probandoque quae instituerant plurimum valuerunt, rebus tamen acuti magis quam (id quod sane non adfectaverunt) oratione magnifici.

85 Idem nobis per Romanos quoque auctores ordo ducendus est. Itaque ut apud illos Homerus, sic apud nos VERGILIUS auspicatissimum dederit exordium, omnium eius generis poetarum Graecorum nostrorumque haud
86 dubie proximus. Utar enim verbis isdem quae ex Afro Domitio iuvenis excepi: qui mihi interroganti quem Homero crederet maxime accedere, 'secundus,' inquit, 'est Vergilius, propior tamen primo quam tertio.' Et hercule ut illi naturae caelesti atque immortali cesserimus, ita curae et diligentiae vel ideo in hoc plus est, quod ei fuit magis laborandum; et quantum eminentibus vincimur fortasse aequalitate pensamus. Ceteri omnes longe se-
87 quentur. Nam MACER et LUCRETIUS legendi quidem, sed non ut φράσιν, id est corpus eloquentiae faciant, elegantes

in sua quisque materia, sed alter humilis, alter difficilis. Atacinus Varro in iis per quae nomen est adsecutus interpres operis alieni, non spernendus quidem, verum ad augendam facultatem dicendi parum locuples. Ennium 88
sicut sacros vetustate lucos adoremus, in quibus grandia et antiqua robora iam non tantam habent speciem quantam religionem. Propiores alii, atque ad hoc de quo loquimur magis utiles. Lascivus quidem in herois quoque Ovidius et nimium amator ingenii sui, laudandus tamen in partibus. Cornelius autem Severus, etiamsi sit versificator quam 89
poeta melior, si tamen, ut est dictum, ad exemplar primi libri bellum Siculum perscripsisset, vindicaret sibi iure secundum locum. Serranum consummari mors immatura non passa est, puerilia tamen eius opera et maximam indolem ostendunt et admirabilem praecipue in aetate illa recti generis voluntatem. Multum in Valerio Flacco 90
nuper amisimus. Vehemens et poeticum ingenium Salei Bassi fuit, nec ipsum senectute maturuit. Rabirius ac Pedo non indigni cognitione, si vacet. Lucanus ardens et concitatus et sententiis clarissimus, et, ut dicam quod sentio, magis oratoribus quam poetis imitandus. Hos 91
nominavimus, quia Germanicum Augustum ab institutis studiis deflexit cura terrarum, parumque dis visum est esse eum maximum poetarum. Quid tamen his ipsis eius operibus, in quae donato imperio iuvenis secesserat, sublimius, doctius, omnibus denique numeris praestantius? Quis enim caneret bella melius quam qui sic gerit? Quem praesidentes studiis deae propius audirent? Cui magis suas artes aperiret familiare nu- 92
men Minervae? Dicent haec plenius futura saecula, nunc enim ceterarum fulgore virtutum laus ista praestringitur. Nos tamen sacra litterarum colentes feres,

Caesar, si non tacitum hoc praeterimus et Vergiliano certe versu testamur:

> inter victrices hederam tibi serpere laurus.

93 Elegea quoque Graecos provocamus, cuius mihi tersus atque elegans maxime videtur auctor Tibullus: sunt qui Propertium malint. Ovidius utroque lascivior, sicut durior Gallus. Satura quidem tota nostra est, in qua primus insignem laudem adeptus Lucilius quosdam ita deditos sibi adhuc habet amatores ut eum non eiusdem modo operis auctoribus sed omnibus poetis praeferre non
94 dubitent. Ego quantum ab illis, tantum ab Horatio dissentio, qui Lucilium fluere lutulentum et esse aliquid quod tollere possis, putat. Nam eruditio in eo mira et libertas atque inde acerbitas et abunde salis. Multum est tersior ac purus magis Horatius et, nisi labor eius amore, praecipuus. Multum et verae gloriae quamvis uno libro Persius meruit. Sunt clari hodieque et qui olim nomina-
95 buntur. Alterum illud etiam prius saturae genus, sed non sola carminum varietate mixtum condidit Terentius Varro, vir Romanorum eruditissimus. Plurimos hic libros et doctissimos composuit, peritissimus linguae Latinae et omnis antiquitatis et rerum Graecarum nostrarumque,
96 plus tamen scientiae collaturus quam eloquentiae. Iambus non sane a Romanis celebratus est ut proprium opus, sed aliis quibusdam interpositus; cuius acerbitas in Catullo, Bibaculo, Horatio, quamquam illi epodos intervenit, reperietur. At lyricorum idem Horatius fere solus legi dignus; nam et insurgit aliquando et plenus est iucunditatis et gratiae et varius figuris et verbis felicissime audax. Si quem adicere velis, is erit Caesius Bassus, quem nuper vidimus; sed eum longe praecedunt ingenia viventium.

Tragoediae scriptores veterum ATTIUS atque PACUVIUS 97
clarissimi gravitate sententiarum, verborum pondere, auc-
toritate personarum. Ceterum nitor et summa in excol-
endis operibus manus magis videri potest temporibus
quam ipsis defuisse; virium tamen Attio plus tribuitur,
Pacuvium videri doctiorem qui esse docti adfectant volunt.
Iam VARI Thyestes cuilibet Graecarum comparari potest. 98
OVIDI Medea videtur mihi ostendere quantum ille vir
praestare potuerit si ingenio suo imperare quam indulgere
maluisset. Eorum quos viderim longe princeps POMPO-
NIUS SECUNDUS, quem senes quidem parum tragicum puta-
bant, eruditione ac nitore praestare confitebantur. In 99
comoedia maxime claudicamus. Licet Varro Musas,
Aeli Stilonis sententia, Plautino dicat sermone locuturas
fuisse, si Latine loqui vellent, licet CAECILIUM veteres
laudibus ferant, licet TERENTI scripta ad Scipionem
Africanum referantur (quae tamen sunt in hoc genere
elegantissima, et plus adhuc habitura gratiae si intra versus
trimetros stetissent), vix levem consequimur umbram: 100
adeo ut mihi sermo ipse Romanus non recipere videatur
illam solis concessam Atticis venerem, cum eam ne Graeci
quidem in alio genere linguae suae obtinuerint. Togatis
excellit AFRANIUS: utinam non inquinasset argumenta
puerorum foedis amoribus mores suos fassus.

At non historia cesserit Graecis. Nec oppcnere Thu- 101
cydidi SALLUSTIUM verear, nec indignetur sibi Herodotus
aequari TITUM LIVIUM, cum in narrando mirae iucun-
ditatis clarissimique candoris, tum in contionibus supra
quam enarrari potest eloquentem: ita quae dicuntur omnia
cum rebus, tum personis accommodata sunt: adfectus
quidem praecipueque eos qui sunt dulciores, ut parcissime
dicam, nemo historicorum commendavit magis. Ideoque 102

immortalem Sallusti velocitatem diversis virtutibus consec-
utus est. Nam mihi egregie dixisse videtur SERVILIUS
NONIANUS, pares eos magis quam similes; qui et ipse a
nobis auditus est clarus vi ingenii et sententiis creber, sed
103 minus pressus quam historiae auctoritas postulat. Quam
paulum aetate praecedens eum BASSUS AUFIDIUS egregie,
utique in libris belli Germanici, praestitit genere ipso,
probabilis in omnibus, sed in quibusdam suis ipse viribus
104 minor. Superest adhuc et exornat aetatis nostrae gloriam
vir saeculorum memoria dignus, qui olim nominabitur,
nunc intellegitur. Habet amatores nec immerito CREMUTI
libertas, quamquam circumcisis quae dixisse ei nocuerat;
sed elatum abunde spiritum et audaces sententias depre-
hendas etiam in his quae manent. Sunt et alii scriptores
boni, sed nos genera degustamus, non bibliothecas excut-
imus.

105 Oratores vero vel praecipue Latinam eloquentiam parem
facere Graecae possunt; nam CICERONEM cuicumque
eorum fortiter opposuerim. Nec ignoro quantam mihi
concitem pugnam, cum praesertim non id sit propositi ut
eum Demostheni comparem hoc tempore; neque enim
attinet, cum Demosthenen in primis legendum vel
106 ediscendum potius putem. Quorum ego virtutes plerasque
arbitror similes, consilium, ordinem, dividendi, praeparandi,
probandi rationem, [omnia] denique quae sunt inven-
tionis. In eloquendo est aliqua diversitas: densior ille hic
copiosior, ille concludit adstrictius hic latius, pugnat ille
acumine semper hic frequenter et pondere, illi nihil de-
trahi potest huic nihil adici, curae plus in illo in hoc
107 naturae. Salibus certe et commiseratione, quae duo plu-
rimum in adfectibus valent, vincimus. Et fortasse epilogos
illi mos civitatis abstulerit, sed et nobis illa, quae Attici

mirantur, diversa Latini sermonis ratio minus permiserit.
In epistulis quidem, quamquam sunt utriusque, dialogisve,
quibus nihil ille, nulla contentio est. Cedendum vero in 108
hoc, quod et prior fuit et ex magna parte Ciceronem
quantus est fecit. Nam mihi videtur M. Tullius, cum se
totum ad imitationem Graecorum contulisset, effinxisse
vim Demosthenis, copiam Platonis, iucunditatem Isocratis.
Nec vero quod in quoque optimum fuit studio consecutus 109
est tantum, sed plurimas vel potius omnes ex se ipso
virtutes extulit immortalis ingenii beatissima ubertate.
Non enim 'pluvias,' ut ait Pindarus, 'aquas colligit, sed
vivo gurgite exundat,' dono quodam providentiae genitus,
in quo totas vires suas eloquentia experiretur. Nam
quis docere diligentius, movere vehementius potest? Cui 110
tanta umquam iucunditas adfuit? ut ipsa illa quae extor-
quet impetrare eum credas, et cum transversum vi sua
iudicem ferat, tamen ille non rapi videatur, sed sequi. Iam 111
in omnibus quae dicit tanta auctoritas inest ut dissentire
pudeat, nec advocati studium sed testis aut iudicis adferat
fidem; cum interim haec omnia, quae vix singula quis-
quam intentissima cura consequi posset, fluunt inlaborata
et illa, qua nihil pulchrius auditum est, oratio prae se fert
tamen felicissimam facilitatem. Quare non immerito ab 112
hominibus aetatis suae regnare in iudiciis dictus est, apud
posteros vero id consecutus, ut Cicero iam non hominis
nomen sed eloquentiae habeatur. Hunc igitur spectemus,
hoc propositum nobis sit exemplum, ille se profecisse
sciat, cui Cicero valde placebit. Multa in ASINIO POLLIONE 113
inventio, summa diligentia, adeo ut quibusdam etiam
nimia videatur, et consilii et animi satis: a nitore et iucun-
ditate Ciceronis ita longe abest ut videri possit saeculo
prior. At MESSALLA nitidus et candidus et quodam modo

praeferens in dicendo nobilitatem suam, viribus minor.
114 C. vero Caesar si foro tantum vacasset, non alius ex
nostris contra Ciceronem nominaretur. Tanta in eo vis
est, id acumen, ea concitatio, ut illum eodem animo
dixisse quo bellavit appareat; exornat tamen haec omnia
mira sermonis, cuius proprie studiosus fuit, elegantia.
115 Multum ingenii in Caelio et praecipue in accusando
multa urbanitas, dignusque vir, cui et mens melior et vita
longior contigisset. Inveni qui Calvum praeferrent om-
nibus, inveni qui Ciceroni crederent eum nimia contra se
calumnia [verum sanguinem] perdidisse; sed est et sancta
et gravis oratio et castigata et frequenter vehemens
quoque. Imitator autem est Atticorum, fecitque illi
properata mors iniuriam, si quid adiecturus sibi non si
116 quid detracturus fuit. Et Servius Sulpicius insignem
non immerito famam tribus orationibus meruit. Multa,
si cum iudicio legatur, dabit imitatione digna Cassius
Severus, qui si ceteris virtutibus colorem et gravitatem
117 orationis adiecisset, ponendus inter praecipuos foret. Nam
et ingenii plurimum est in eo et acerbitas mira et ur-
banitas et fervor, sed plus stomacho quam consilio dedit.
Praeterea ut amari sales, ita frequenter amaritudo ipsa
118 ridicula est. Sunt alii multi diserti, quos persequi longum
est. Eorum quos viderim Domitius Afer et Iulius
Africanus longe praestantissimi. Verborum arte ille et
toto genere dicendi praeferendus et quem in numero
veterum habere non timeas: hic concitatior, sed in cura
verborum nimius et compositione nonnumquam longior
et translationibus parum modicus. Erant clara et nuper
119 ingenia. Nam et Trachalus plerumque sublimis et
satis apertus fuit et quem velle optima crederes, auditus
tamen maior; nam et vocis, quantam in nullo cognovi,

felicitas et pronuntiatio vel scaenis suffectura et decor,
omnia denique ei, quae sunt extra, superfuerunt: et Vibius
Crispus compositus et iucundus et delectationi natus, pri-
vatis tamen causis quam publicis melior. Iulio Secundo, **120**
si longior contigisset aetas, clarissimum profecto nomen
oratoris apud posteros foret; adiecisset enim atque adic-
iebat ceteris virtutibus suis quod desiderari potest, id est
autem ut esset multo magis pugnax et saepius ad curam
rerum ab elocutione respiceret. Ceterum interceptus **121**
quoque magnum sibi vindicat locum: ea est facundia,
tanta in explicando quod velit gratia, tam candidum et leve
et speciosum dicendi genus, tanta verborum etiam quae
adsumpta sunt proprietas, tanta in quibusdam ex periculo
petitis significantia. Habebunt qui post nos de oratoribus **122**
scribent magnam eos qui nunc vigent materiam vere
laudandi; sunt enim summa hodie, quibus inlustratur
forum, ingenia. Namque et consummati iam patroni
veteribus aemulantur et eos iuvenum ad optima tendentium
imitatur ac sequitur industria.

Supersunt qui de philosophia scripserint, quo in genere **123**
paucissimos adhuc eloquentes litterae Romanae tulerunt.
Idem igitur M. Tullius, qui ubique, etiam in hoc opere
Platonis aemulus extitit. Egregius vero multoque quam
in orationibus praestantior Brutus suffecit ponderi rerum:
scias eum sentire quae dicit. Scripsit non parum multa **124**
Cornelius Celsus, Sextios secutus, non sine cultu ac
nitore. Plautus in Stoicis rerum cognitioni utilis. In
Epicureis levis quidem, sed non iniucundus tamen auctor
est Catius. Ex industria Senecam in omni genere elo- **125**
quentiae distuli propter vulgatam falso de me opinionem,
qua damnare eum et invisum quoque habere sum creditus.
Quod accidit mihi dum corruptum et omnibus vitiis fractum

dicendi genus revocare ad severiora iudicia contendo; tum autem solus hic fere in manibus adulescentium fuit.
126 Quem non equidem omnino conabar excutere, sed potioribus praeferri non sinebam, quos ille non destiterat incessere, cum diversi sibi conscius generis placere se in dicendo posse iis quibus illi placerent diffideret. Amabant autem eum magis quam imitabantur, tantumque ab illo
127 defluebant quantum ille ab antiquis descenderat. Foret enim optandum pares ac saltem proximos illi viro fieri. Sed placebat propter sola vitia et ad ea se quisque dirigebat effingenda, quae poterat; deinde cum se iactaret
128 eodem modo dicere, Senecam infamabat. Cuius et multae alioqui et magnae virtutes fuerunt, ingenium facile et copiosum, plurimum studii, multa rerum cognitio, in qua tamen aliquando ab his quibus inquirenda quaedam man-
129 dabat deceptus est. Tractavit etiam omnem fere studiorum materiam; nam et orationes eius et poemata et epistulae et dialogi feruntur. In philosophia parum diligens, egregius tamen vitiorum insectator fuit. Multae in eo claraeque sententiae, multa etiam morum gratia legenda, sed in eloquendo corrupta pleraque atque eo perniciosissima,
130 quod abundant dulcibus vitiis. Velles eum suo ingenio dixisse, alieno iudicio; nam si obliqua contempsisset, si parum recta non concupisset, si non omnia sua amasset, si rerum pondera minutissimis sententiis non fregisset, consensu potius eruditorum quam puerorum amore com-
131 probaretur. Verum sic quoque iam robustis et severiore genere satis firmatis legendus vel ideo quod exercere potest utrimque iudicium. Multa enim, ut dixi, probanda in eo, multa etiam admiranda sunt; eligere modo curae sit, quod utinam ipse fecisset. Digna enim fuit illa natura quae meliora vellet: quod voluit effecit.

De Imitatione.

II. Ex his ceterisque lectione dignis auctoribus et 1
verborum sumenda copia est et varietas figurarum et
componendi ratio, tum ad exemplum virtutum om-
nium mens derigenda. Neque enim dubitari potest
quin artis pars magna contineatur imitatione. Nam
ut invenire primum fuit estque praecipuum, sic ea
quae bene inventa sunt utile sequi. Atque omnis vitae 2
ratio sic constat, ut quae probamus in aliis facere ipsi
velimus. Sic litterarum ductus, ut scribendi fiat usus,
pueri sequuntur; sic musici vocem docentium, pictores
opera priorum, rustici probatam experimento culturam
in exemplum intuentur; omnis denique disciplinae initia
ad propositum sibi praescriptum formari videmus. Et 3
hercule necesse est aut similes aut dissimiles bonis simus.
Similem raro natura praestat, frequenter imitatio. Sed
hoc ipsum quod tanto faciliorem nobis rationem rerum
omnium facit quam fuit iis qui nihil quod sequerentur
habuerunt, nisi caute et cum iudicio adprehenditur, nocet.

Ante omnia igitur imitatio per se ipsa non sufficit, vel 4
quia pigri est ingenii contentum esse iis quae sint ab aliis
inventa. Quid enim futurum erat temporibus illis quae
sine exemplo fuerunt, si homines nihil, nisi quod iam
cognovissent, faciendum sibi aut cogitandum putassent?
Nempe nihil fuisset inventum. Cur igitur nefas est re- 5
periri aliquid a nobis, quod ante non fuerit? An illi
rudes sola mentis natura ducti sunt in hoc, ut tam multa
generarent: nos ad quaerendum non eo ipso concitemur,
quod certe scimus invenisse eos qui quaesierunt? Et 6
cum illi, qui nullum cuiusquam rei habuerunt magistrum,

plurima in posteros tradiderunt: nobis usus aliarum
rerum ad eruendas alias non proderit, sed nihil habebimus
nisi beneficii alieni? quem ad modum quidam pictores in
id solum student, ut describere tabulas mensuris ac lineis
7 sciant. Turpe etiam illud est, contentum esse id consequi
quod imiteris. Nam rursus quid erat futurum, si nemo
plus effecisset eo quem sequebatur? Nihil in poetis supra
Livium Andronicum, nihil in historiis supra pontificum
annales haberemus; ratibus adhuc navigaremus; non
esset pictura, nisi quae lineas modo extremas umbrae,
8 quam corpora in sole fecissent, circumscriberet. Ac si
omnia percenseas, nulla mansit ars qualis inventa est, nec
intra initium stetit: nisi forte nostra potissimum tempora
damnamus huius infelicitatis, ut nunc demum nihil crescat:
9 nihil autem crescit sola imitatione. Quod si prioribus
adicere fas non est, quo modo sperare possumus illum
oratorem perfectum? cum in his, quos maximos adhuc
novimus, nemo sit inventus in quo nihil aut desideretur
aut reprehendatur. Sed etiam qui summa non adpetent,
10 contendere potius quam sequi debent. Nam qui hoc agit
ut prior sit, forsitan etiam si non transierit aequabit.
Eum vero nemo potest aequare cuius vestigiis sibi utique
insistendum putat; necesse est enim semper sit posterior
qui sequitur. Adde quod plerumque facilius est plus
facere quam idem; tantam enim difficultatem habet simili-
tudo ut ne ipsa quidem natura in hoc ita evaluerit ut non
res quae simillimae quaeque pares maxime videantur uti-
11 que discrimine aliquo discernantur. Adde quod quidquid
alteri simile est, necesse est minus sit eo quod imitatur,
ut umbra corpore et imago facie et actus histrionum veris
adfectibus. Quod in orationibus quoque evenit. Namque
iis quae in exemplum adsumimus subest natura et vera

vis; contra omnis imitatio facta est et ad alienum pro-
positum accommodatur. Quo fit ut minus sanguinis ac 12
virium declamationes habeant quam orationes, quod in illis
vera, in his adsimilata materia est. Adde quod ea quae
in oratore maxima sunt imitabilia non sunt, ingenium,
inventio, vis, facilitas et quidquid arte non traditur. Ideo- 13
que plerique, cum verba quaedam ex orationibus excerp-
serunt aut aliquos compositionis certos pedes, mire a se
quae legerunt effingi arbitrantur, cum et verba intercidant
invalescantque temporibus (ut quorum certissima sit
regula in consuetudine), eaque non sua natura sint bona
aut mala—nam per se soni tantum sunt—sed prout
opportune proprieque aut secus collocata sunt, et com-
positio cum rebus accommodata sit, tum ipsa varietate
gratissima.

Quapropter exactissimo iudicio circa hanc partem 14
studiorum examinanda sunt omnia. Primum, quos
imitemur: nam sunt plurimi qui similitudinem pessimi
cuiusque et corruptissimi concupierint: tum in ipsis quos
elegerimus, quid sit ad quos nos efficiendum comparemus.
Nam in magnis quoque auctoribus incidunt aliqua vitiosa 15
et a doctis, inter ipsos etiam mutuo reprehensa; atque
utinam tam bona imitantes dicerent melius quam mala
peius dicunt. Nec vero saltem iis quibus ad evitanda
vitia iudicii satis fuit sufficiat imaginem virtutis effingere
et solam, ut sic dixerim, cutem vel potius illas Epicuri
figuras, quas e summis corporibus dicit effluere. Hoc 16
autem his accidit qui non introspectis penitus virtutibus
ad primum se velut adspectum orationis aptarunt; et cum
iis felicissime cessit imitatio, verbis atque numeris sunt
non multum differentes, vim dicendi atque inventionis non
adsequuntur, sed plerumque declinant in peius et proxima

virtutibus vitia comprehendunt fiuntque pro grandibus tumidi, pressis exiles, fortibus temerarii, laetis corrupti,
17 compositis exultantes, simplicibus neglegentes. Ideoque qui horride atque incomposite quidlibet illud frigidum et inane extulerunt, antiquis se pares credunt; qui carent cultu atque sententiis, Attici sunt scilicet; qui praecisis conclusionibus obscuri, Sallustium atque Thucydiden superant; tristes ac ieiuni Pollionem aemulantur; otiosi et supini, si quid modo longius circumduxerunt, iurant ita
18 Ciceronem locuturum fuisse. Noveram quosdam qui se pulchre expressisse genus illud caelestis huius in dicendo viri sibi viderentur, si in clausula posuissent 'esse videatur.' Ergo primum est ut quod imitaturus est quisque intellegat, et quare bonum sit sciat.

19 Tum in suscipiendo onere consulat suas vires. Nam quaedam sunt imitabilia, quibus aut infirmitas naturae non sufficiat aut diversitas repugnet. Ne, cui tenue ingenium erit, sola velit fortia et abrupta, cui forte quidem, sed indomitum, amore subtilitatis et vim suam perdat et elegantiam quam cupit non persequatur; nihil est enim tam
20 indecens quam cum mollia dure fiunt. Atque ego illi praeceptori quem institueram in libro secundo credidi non ea sola docenda esse, ad quae quemque discipulorum natura compositum videret; nam is et adiuvare debet quae in quoque eorum invenit bona, et, quantum fieri potest, adicere quae desunt et emendare quaedam et mutare; rector enim est alienorum ingeniorum atque
21 formator. Difficilius est naturam suam fingere. Sed ne ille quidem doctor, quamquam omnia quae recta sunt velit esse in suis auditoribus quam plenissima, in eo tamen cui naturam obstare viderit laborabit.

Id quoque vitandum, in quo magna pars errat, ne in

oratione poetas nobis et historicos, in illis operibus oratores aut declamatores imitandos putemus. Sua cuique 22
proposito lex, suus decor est: nec comoedia in cothurnos adsurgit, nec contra tragoedia socco ingreditur. Habet tamen omnis eloquentia aliquid commune: id imitemur quod commune est.

Etiam hoc solet incommodi accidere iis qui se uni 23
alicui generi dediderunt, ut, si asperitas iis placuit alicuius, hanc etiam in leni ac remisso causarum genere non exuant; si tenuitas aut iucunditas, in asperis gravibusque causis ponderi rerum parum respondeant: cum sit diversa non causarum modo inter ipsas condicio, sed in singulis etiam causis partium, sintque alia leniter alia aspere, alia concitate alia remisse, alia docendi alia movendi gratia dicenda; quorum omnium dissimilis atque diversa inter se ratio est. Itaque ne hoc quidem suaserim, uni se 24
alicui proprie, quem per omnia sequatur, addicere. Longe perfectissimus Graecorum Demosthenes, aliquid tamen aliquo in loco melius alii, plurima ille. Sed non qui maxime imitandus, et solus imitandus est. Quid ergo? 25
non est satis omnia sic dicere quo modo M. Tullius dixit? Mihi quidem satis esset, si omnia consequi possem: quid tamen noceret vim Caesaris, asperitatem Caeli, diligentiam Pollionis, iudicium Calvi quibusdam in locis adsumere? Nam praeter id quod prudentis est quod in quoque 26
optimum est, si possit, suum facere, tum in tanta rei difficultate unum intuentes vix aliqua pars sequitur. Ideoque cum totum exprimere quem elegeris paene sit homini inconcessum, plurium bona ponamus ante oculos, ut aliud ex alio haereat, et quo quidque loco conveniat aptemus.

Imitatio autem (nam saepius idem dicam) non sit 27

tantum in verbis. Illuc intendenda mens, quantum fuerit illis viris decoris in rebus atque personis, quod consilium, quae dispositio, quam omnia, etiam quae delectationi videantur data, ad victoriam spectent; quid agatur prooemio, quae ratio et quam varia narrandi, quae vis probandi ac refellendi, quanta in adfectibus omnis generis movendis scientia, quamque laus ipsa popularis utilitatis gratia adsumpta, quae tum est pulcherrima, cum sequitur, non cum arcessitur. Haec si perviderimus, tum vere
28 imitabimur. Qui vero etiam propria his bona adiecerit, ut suppleat quae deerunt, circumcidat si quid redundabit, is erit, quem quaerimus, perfectus orator; quem nunc consummari potissimum oporteat, cum tanto plura exempla bene dicendi supersunt quam illis qui adhuc summi sunt contigerunt. Nam erit haec quoque laus eorum, ut priores superasse, posteros docuisse dicantur.

Quo modo scribendum sit.

1 III. Et haec quidem auxilia extrinsecus adhibentur; in iis autem quae nobis ipsis paranda sunt, ut laboris, sic utilitatis etiam longe plurimum adfert stilus. Nec immerito M. Tullius hunc 'optimum effectorem ac magistrum dicendi' vocat, cui sententiae personam L. Crassi in disputationibus quae sunt de oratore adsignando, iudicium
2 suum cum illius auctoritate coniunxit. Scribendum ergo quam diligentissime et quam plurimum. Nam ut terra alte refossa generandis alendisque seminibus fecundior, sic profectus non a summo petitus studiorum fructus effundit uberius et fidelius continet. Nam sine hac quidem conscientia ipsa illa ex tempore dicendi facultas

inanem modo loquacitatem dabit et verba in labris nas-
centia. Illic radices, illic fundamenta sunt, illic opes velut 3
sanctiore quodam aerario conditae, unde ad subitos quo-
que casus, cum res exiget, proferantur. Vires faciamus
ante omnia, quae sufficiant labori certaminum et usu non
exhauriantur. Nihil enim rerum ipsa natura voluit 4
magnum effici cito, praeposuitque pulcherrimo cuique
operi difficultatem; quae nascendi quoque hanc fecerit
legem, ut maiora animalia diutius visceribus parentis con-
tinerentur.

Sed cum sit duplex quaestio, quo modo et quae maxime
scribi oporteat, iam hinc ordinem sequar. Sit primo vel 5
tardus dum diligens stilus, quaeramus optima nec protinus
offerentibus se gaudeamus, adhibeatur iudicium inventis,
dispositio probatis; dilectus enim rerum verborumque
agendus est et pondera singulorum examinanda. Post
subeat ratio collocandi versenturque omni modo numeri,
non ut quodque se proferet verbum occupet locum. Quae 6
quidem ut diligentius exsequamur, repetenda saepius
erunt scriptorum proxima. Nam praeter id quod sic
melius iunguntur prioribus sequentia, calor quoque ille
cogitationis, qui scribendi mora refrixit, recipit ex integro
vires et velut repetito spatio sumit impetum; quod in
certamine saliendi fieri videmus, ut conatum longius
petant et ad illud quo contenditur spatium cursu ferantur,
utque in iaculando brachia reducimus et expulsuri tela
nervos retro tendimus. Interim tamen, si feret flatus, 7
danda sunt vela, dum nos indulgentia illa non fallat;
omnia enim nostra dum nascuntur placent, alioqui nec
scriberentur. Sed redeamus ad iudicium et retractemus
suspectam facilitatem. Sic scripsisse Sallustium accepi- 8
mus, et sane manifestus est etiam ex opere ipso labor.

Vergilium quoque paucissimos die composuisse versus
9 auctor est Varius. Oratoris quidem alia condicio est;
itaque hanc moram et sollicitudinem initiis impero. Nam
primum hoc constituendum, hoc obtinendum est, ut quam
optime scribamus: celeritatem dabit consuetudo. Paulatim
res facilius se ostendent, verba respondebunt, compositio
sequetur, cuncta denique ut in familia bene instituta
10 in officio erunt. Summa haec est rei: cito scribendo
non fit ut bene scribatur, bene scribendo fit ut cito.
Sed tum maxime, cum facultas illa contigerit, resis-
tamus ut provideamus, efferentes se equos frenis qui-
busdam coerceamus; quod non tam moram faciet quam
novos impetus dabit. Neque enim rursus eos qui robur
aliquod in stilo fecerint ad infelicem calumniandi se
11 poenam adligandos puto. Nam quo modo sufficere officiis
civilibus possit qui singulis actionum partibus insenescat?
Sunt autem quibus nihil sit satis: omnia mutare, omnia
aliter dicere quam occurrit velint,—increduli quidam et de
ingenio suo pessime meriti, qui diligentiam putant facere
12 sibi scribendi difficultatem. Nec promptum est dicere
utros peccare validius putem, quibus omnia sua placent an
quibus nihil. Accidit enim etiam ingeniosis adulescenti-
bus frequenter, ut labore consumantur et in silentium
usque descendant nimia bene dicendi cupiditate. Qua
de re memini narrasse mihi Iulium Secundum illum,
aequalem meum atque a me, ut notum est, familiariter
amatum, mirae facundiae virum, infinitae tamen curae,
13 quid esset sibi a patruo suo dictum. Is fuit Iulius Florus,
in eloquentia Galliarum, quoniam ibi demum exercuit
eam, princeps, alioqui inter paucos disertus et dignus illa
propinquitate. Is cum Secundum, scholae adhuc opera-
tum, tristem forte vidisset, interrogavit quae causa frontis

tam adductae? Nec dissimulavit adulescens, tertium iam 14
diem esse quod omni labore materiae ad scribendum destinatae non inveniret exordium; quo sibi non praesens tantum dolor, sed etiam desperatio in posterum fieret. Tum Florus adridens, 'numquid tu,' inquit, 'melius dicere vis quam potes?' Ita se res habet: curandum est ut 15
quam optime dicamus, dicendum tamen pro facultate; ad profectum enim opus est studio, non indignatione. Ut possimus autem scribere etiam plura et celerius, non exercitatio modo praestabit, in qua sine dubio multum est, sed etiam ratio: si non resupini spectantesque tectum et cogitationem murmure agitantes expectaverimus quid obveniat, sed quid res poscat, quid personam deceat, quod sit tempus, qui iudicis animus intuiti, humano quodam modo ad scribendum accesserimus. Sic nobis et initia 16
et quae sequuntur natura ipsa praescribit. Certa sunt enim pleraque et, nisi coniveamus, in oculos incurrunt; ideoque nec indocti nec rustici diu quaerunt, unde incipiant; quo pudendum est magis, si difficultatem facit doctrina. Non ergo semper putemus optimum esse quod latet: immutescamus alioqui, si nihil dicendum videatur nisi quod non invenimus. Diversum est huic eorum 17
vitium qui primo decurrere per materiam stilo quam velocissimo volunt, et sequentes calorem atque impetum ex tempore scribunt; hanc silvam vocant. Repetunt deinde et componunt quae effuderant; sed verba emendantur et numeri, manet in rebus temere congestis quae fuit levitas. Protinus ergo adhibere curam rectius erit, atque ab initio 18
sic opus ducere ut caelandum, non ex integro fabricandum sit. Aliquando tamen adfectus sequemur, in quibus fere plus calor quam diligentia valet.

Satis apparet ex eo quod hanc scribentium negle- 19

gentiam damno, quid de illis dictandi deliciis sentiam. Nam in stilo quidem quamlibet properato dat aliquam cogitationi moram non consequens celeritatem eius manus: ille cui dictamus urget, atque interim pudet etiam dubitare aut resistere aut mutare quasi conscium
20 infirmitatis nostrae timentes. Quo fit ut non rudia tantum et fortuita, sed impropria interim, dum sola est conectendi sermonis cupiditas, effluant, quae nec scribentium curam nec dicentium impetum consequantur. At idem ille qui excipit, si tardior in scribendo aut incertior in intellegendo velut offensator fuit, inhibetur cursus, atque omnis quae erat concepta mentis intentio mora et interdum iracundia
21 excutitur. Tum illa, quae altiorem animi motum sequuntur quaeque ipsa animum quodam modo concitant, quorum est iactare manum, torquere vultum, frontem et latus interim obiurgare, quaeque Persius notat, cum leviter dicendi genus significat, 'nec pluteum,' inquit, 'caedit nec demorsos sapit ungues,' etiam ridicula sunt, nisi cum soli
22 sumus. Denique ut semel quod est potentissimum dicam, secretum in dictando perit. Atque liberum arbitris locum et quam altissimum silentium scribentibus maxime convenire nemo dubitaverit: non tamen protinus audiendi qui credunt aptissima in hoc nemora silvasque, quod illa caeli libertas locorumque amoenitas sublimem animum et
23 beatiorem spiritum parent. Mihi certe iucundus hic magis quam studiorum hortator videtur esse secessus. Namque illa, quae ipsa delectant, necesse est avocent ab intentione operis destinati. Neque enim se bona fide in multa simul intendere animus totum potest, et quocunque respexit,
24 desinit intueri quod propositum erat. Quare silvarum amoenitas et praeterlabentia flumina et inspirantes ramis arborum aurae volucrumque cantus et ipsa late circum-

spiciendi libertas ad se trahunt, ut mihi remittere potius
voluptas ista videatur cogitationem quam intendere.
Demosthenes melius, qui se in locum ex quo nulla ex- 25
audiri vox et ex quo nihil prospici posset recondebat, ne
aliud agere mentem cogerent oculi. Ideoque lucubrantes
silentium noctis et clausum cubiculum et lumen unum
velut tectos maxime teneat. Sed cum in omni studiorum 26
genere, tum in hoc praecipue bona valetudo, quaeque eam
maxime praestat, frugalitas necessaria est, cum tempora
ab ipsa rerum natura ad quietem refectionemque nobis
data in acerrimum laborem convertimus. Cui tamen non
plus inrogandum est quam quod somno supererit, haud
deerit; obstat enim diligentiae scribendi etiam fatigatio, 27
et abunde, si vacet, lucis spatia sufficiunt; occupatos in
noctem necessitas agit. Est tamen lucubratio, quotiens
ad eam integri ac refecti venimus, optimum secreti
genus.

Sed silentium et secessus et undique liber animus ut 28
sunt maxime optanda, ita non semper possunt contingere;
ideoque non statim, si quid obstrepet, abiciendi codices
erunt et deplorandus dies, verum incommodis repugnan-
dum et hic faciendus usus, ut omnia quae impedient
vincat intentio; quam si tota mente in opus ipsum de-
rexeris, nihil eorum quae oculis vel auribus incursant ad
animum perveniet. An vero frequenter etiam fortuita hoc 29
cogitatio praestat, ut obvios non videamus et itinere
deerremus: non consequemur idem, si et voluerimus?
Non est indulgendum causis desidiae. Nam si non nisi
refecti, non nisi hilares, non nisi omnibus aliis curis
vacantes studendum existimarimus, semper erit propter
quod nobis ignoscamus. Quare in turba, itinere, con- 30
viviis etiam faciat sibi cogitatio ipsa secretum. Quid

alioqui fiet, cum in medio foro, tot circumstantibus iudiciis, iurgiis, fortuitis etiam clamoribus, erit subito continua oratione dicendum, si particulas quas ceris mandamus nisi in solitudine reperire non possumus? Propter quae idem ille tantus amator secreti Demosthenes in litore, in quo se maximo cum sono fluctus inlideret, meditans consuescebat contionum fremitus non expavescere.

31 Illa quoque minora (sed nihil in studiis parvum est) non
sunt transeunda: scribi optime ceris, in quibus facillima
est ratio delendi, nisi forte visus infirmior membranarum
potius usum exiget, quae ut iuvant aciem, ita crebra rela-
tione, quoad intinguntur calami, morantur manum et
32 cogitationis impetum frangunt. Relinquendae autem in
utrolibet genere contra erunt vacuae tabellae, in quibus
libera adiciendo sit excursio. Nam interim pigritiam
emendandi angustiae faciunt, aut certe novorum inter-
positione priora confundant. Ne latas quidem ultra
modum esse ceras velim, expertus iuvenem studiosum
alioqui praelongos habuisse sermones, quia illos numero
versuum metiebatur, idque vitium, quod frequenti ad-
monitione corrigi non potuerat, mutatis codicibus esse
33 sublatum. Debet vacare etiam locus in quo notentur quae
scribentibus solent extra ordinem, id est ex aliis quam qui
sunt in manibus loci, occurrere. Inrumpunt enim optimi
nonnumquam sensus, quos neque inserere oportet neque
differre tutum est, quia interim elabuntur, interim memoriae
sui intentos ab alia inventione declinant ideoque optime
sunt in deposito.

De Emendatione.

IV. Sequitur emendatio, pars studiorum longe utilis- **1**
sima; neque enim sine causa creditum est stilum non minus agere, cum delet. Huius autem operis est adicere, detrahere, mutare. Sed facilius in iis simpliciusque iudicium quae replenda vel deicienda sunt; premere vero tumentia, humilia extollere, luxuriantia adstringere, inordinata digerere, soluta componere, exultantia coercere duplicis operae; nam et damnanda sunt quae placuerant
et invenienda quae fugerant. Nec dubium est optimum **2**
esse emendandi genus, si scripta in aliquod tempus reponantur, ut ad ea post intervallum velut nova atque aliena redeamus, ne nobis scripta nostra tamquam recentes
fetus blandiantur. Sed neque hoc contingere semper **3**
potest praesertim oratori, cui saepius scribere ad praesentes usus necesse est, et ipsa emendatio finem habet. Sunt enim qui ad omnia scripta tamquam vitiosa redeant et, quasi nihil fas sit rectum esse quod primum est, melius existiment quidquid est aliud, idque faciant quotiens librum in manus resumpserunt, similes medicis etiam integra secantibus. Accidit itaque ut cicatricosa sint et
exsanguia et cura peiora. Sit ergo aliquando quod **4**
placeat aut certe quod sufficiat, ut opus poliat lima, non exterat. Temporis quoque esse debet modus. Nam quod Cinnae Smyrnam novem annis accepimus scriptam, et panegyricum Isocratis, qui parcissime, decem annis dicunt elaboratum, ad oratorem nihil pertinet, cuius nullum erit, si tam tardum fuerit, auxilium.

Quae scribenda sint praecipue.

1 V. Proximum est ut dicamus quae praecipue scribenda
sint ἕξιν parantibus. Non est huius quidem operis ut ex-
plicemus quae sint materiae, quae prima aut secunda aut
deinceps tractanda sint (nam id factum est iam primo
libro, quo puerorum, et secundo, quo iam robustorum
studiis ordinem dedimus), sed, de quo nunc agitur, unde
copia ac facilitas maxime veniat.

2 Vertere Graeca in Latinum veteres nostri oratores
optimum iudicabant. Id se L. Crassus in illis Ciceronis
de Oratore libris dicit factitasse; id Cicero sua ipse per-
sona frequentissime praecipit, quin etiam libros Platonis
atque Xenophontis edidit hoc genere translatos; id Mes-
sallae placuit, multaeque sunt ab eo scriptae ad hunc
modum orationes, adeo ut etiam cum illa Hyperidis pro
3 Phryne difficillima Romanis subtilitate contenderet. Et
manifesta est exercitationis huiusce ratio. Nam et rerum
copia Graeci auctores abundant et plurimum artis in elo-
quentiam intulerunt, et hos transferentibus verbis uti
optimis licet; omnibus enim utimur nostris. Figuras
vero, quibus maxime ornatur oratio, multas ac varias ex-
cogitandi etiam necessitas quaedam est, quia plerumque a
Graecis Romana dissentiunt.

4 Sed et illa ex Latinis conversio multum et ipsa contu-
lerit. Ac de carminibus quidem neminem credo dubitare,
quo solo genere exercitationis dicitur usus esse Sulpicius.
Nam et sublimis spiritus attollere orationem potest, et
verba poetica libertate audaciora non praesumunt eadem
proprie dicendi facultatem; sed et ipsis sententiis adicere
licet oratorium robur et omissa supplere et effusa sub-

stringere. Neque ego paraphrasin esse interpretationem 5
tantum volo, sed circa eosdem sensus certamen atque
aemulationem. Ideoque ab illis dissentio qui vertere
orationes Latinas vetant, quia optimis occupatis, quidquid
aliter dixerimus, necesse sit esse deterius. Nam neque
semper est desperandum aliquid illis quae dicta sunt
melius posse reperiri, neque adeo ieiunam ac pauperem
natura eloquentiam fecit ut una de re bene dici nisi semel
non possit: nisi forte histrionum multa circa voces easdem 6
variare gestus potest, orandi minor vis, ut dicatur aliquid
post quod in eadem materia nihil dicendum sit. Sed esto
neque melius quod invenimus esse neque par, est certe
proximis locus. An vero ipsi non bis ac saepius de 7
eadem re dicimus et quidem continuas nonnumquam sen-
tentias? Nisi forte contendere nobiscum possumus, cum
aliis non possumus. Nam si uno genere bene diceretur,
fas erat existimari praeclusam nobis a prioribus viam;
nunc vero innumerabiles sunt modi plurimaeque eodem
viae ducunt. Sua brevitati gratia, sua copiae, alia trans- 8
latis virtus, alia propriis, hoc oratio recta, illud figura de-
clinata commendat. Ipsa denique utilissima est exercita-
tioni difficultas. Quid quod auctores maximi sic diligen-
tius cognoscuntur? Non enim scripta lectione secura
transcurrimus, sed tractamus singula et necessario intro-
spicimus et, quantum virtutis habeant, vel hoc ipso cog-
noscimus, quod imitari non possumus.

Nec aliena tantum transferre, sed etiam nostra pluribus 9
modis tractare proderit, ut ex industria sumamus senten-
tias quasdam easque versemus quam numerosissime, velut
eadem cera aliae aliaeque formae duci solent. Plurimum 10
autem parari facultatis existimo ex simplicissima quaque
materia. Nam illa multiplici personarum, causarum, tem-

porum, locorum, dictorum, factorum diversitate facile de-
litescet infirmitas, tot se undique rebus, ex quibus aliquam
11 adprehendas, offerentibus. Illud virtutis indicium est,
fundere quae natura contracta sunt, augere parva, varieta-
tem similibus, voluptatem expositis dare et bene dicere
multa de paucis.

In hoc optime facient infinitae quaestiones, quas vocari
theses diximus, quibus Cicero iam princeps in re publica
12 exerceri solebat. His confinis est destructio et confir-
matio sententiarum. Nam cum sit sententia decretum
quoddam atque praeceptum, quod de re, idem de iudicio
rei quaeri potest. Tum loci communes, quos etiam
scriptos ab oratoribus scimus. Nam qui haec recta
tantum et in nullos flexus recedentia copiose tractaverit,
utique in illis plures excursus recipientibus magis abunda-
bit eritque in omnes causas paratus; omnes enim gener-
13 alibus quaestionibus constant. Nam quid interest 'Cor-
nelius tribunus plebis, quod codicem legerit, reus sit,' an
quaeramus 'violeturne maiestas, si magistratus rogationem
suam populo ipse recitarit': 'Milo Clodium rectene occi-
derit' veniat in iudicium, an 'oporteatne insidiatorem
interfici vel perniciosum rei publicae civem, etiam si non
insidietur': 'Cato Marciam honestene tradiderit Hort-
ensio,' an 'conveniatne res talis bono viro?' De personis
14 iudicatur, sed de rebus contenditur. Declamationes vero,
quales in scholis rhetorum dicuntur, si modo sunt ad veri-
tatem accommodatae et orationibus similes, non tantum
dum adulescit profectus sunt utilissimae, quia inventionem
et dispositionem pariter exercent, sed etiam cum est con-
summatus ac iam in foro clarus; alitur enim atque
enitescit velut pabulo laetiore facundia et adsidua con-
15 tentionum asperitate fatigata renovatur. Quapropter his-

toriae nonnumquam ubertas in aliqua exercendi stili parte
ponenda et dialogorum libertate gestiendum. Ne carmine
quidem ludere contrarium fuerit, sicut athletae, remissa
quibusdam temporibus ciborum atque exercitationum
certa necessitate, otio et iucundioribus epulis reficiuntur.
Ideoque mihi videtur M. Tullius tantum intulisse elo- 16
quentiae lumen, quod in hos quoque studiorum secessus
excurrit. Nam si nobis sola materia fuerit ex litibus,
necesse est deteratur fulgor et durescat articulus et ipse
ille mucro ingenii cotidiana pugna retundatur.

Sed quem ad modum forensibus certaminibus exerci- 17
tatos et quasi militantes reficit ac reparat haec velut sagina
dicendi, sic adulescentes non debent nimium in falsa
rerum imagine detineri, et inanibus simulacris usque adeo
ut difficilis ab his digressus sit adsuescere, ne ab illa, in
qua prope consenuerunt, umbra vera discrimina velut
quendam solem reformident. Quod accidisse etiam M. 18
Porcio Latroni, qui primus clari nominis professor fuit,
traditur, ut, cum ei summam in scholis opinionem ob-
tinenti causa in foro esset oranda, impense petierit uti
subsellia in basilicam transferrentur. Ita illi caelum
novum fuit ut omnis eius eloquentia contineri tecto ac
parietibus videretur. Quare iuvenis qui rationem inveni- 19
endi eloquendique a praeceptoribus diligenter acceperit
(quod non est infiniti operis, si docere sciant et velint),
exercitationem quoque modicam fuerit consecutus, ora-
torem sibi aliquem, quod apud maiores fieri solebat,
deligat, quem sequatur, quem imitetur: iudiciis intersit
quam plurimis, et sit certaminis cui destinatur frequens
spectator. Tum causas, vel easdem quas agi audierit, 20
stilo et ipse componat, vel etiam alias, veras modo, et
utrimque tractet et, quod in gladiatoribus fieri videmus,

decretoriis exerceatur, ut fecisse Brutum diximus pro Milone. Melius hoc quam rescribere veteribus orationibus, ut fecit Cestius contra Ciceronis actionem habitam pro eodem, cum alteram partem satis nosse non posset ex sola defensione.

21 Citius autem idoneus erit iuvenis, quem praeceptor coegerit in declamando quam simillimum esse veritati et per totas ire materias, quarum nunc facillima et maxime favorabilia decerpunt. Obstant huic, quod secundo loco posui, fere turba discipulorum et consuetudo classium certis diebus audiendarum, nonnihil etiam persuasio patrum numerantium potius declamationes quam aestimantium.
22 Sed, quod dixi primo, ut arbitror, libro, nec ille se bonus praeceptor maiore numero quam sustinere possit onerabit et nimiam loquacitatem recidet, ut omnia quae sunt in controversia, non, ut quidam volunt, quae in rerum natura, dicantur; et vel longiore potius dierum spatio laxabit dicendi necessitatem vel materias dividere per-
23 mittet. Diligenter effecta plus proderit quam plures inchoatae et quasi degustatae. Propter quod accidit ut nec suo loco quidque ponatur, nec illa quae prima sunt servent suam legem, iuvenibus flosculos omnium partium in ea quae sunt dicturi congerentibus; quo fit ut timentes ne sequentia perdant priora confundant.

De Cogitatione.

1 VI. Proxima stilo cogitatio est, quae et ipsa vires ab hoc accipit et est inter scribendi laborem extemporalemque fortunam media quaedam et nescio an usus frequentissimi. Nam scribere non ubique nec semper possumus, cogitationi temporis ac loci plurimum est. Haec paucis admodum horis magnas etiam causas complectitur; haec,

quotiens intermissus est somnus, ipsis noctis tenebris adiuvatur; haec inter medios rerum actus aliquid invenit vacui nec otium patitur. Neque vero rerum ordinem 2
modo, quod ipsum satis erat, intra se ipsa disponit, sed verba etiam copulat totamque ita contexit orationem ut ei nihil praeter manum desit; nam memoriae quoque plerumque inhaeret fidelius quod nulla scribendi securitate laxatur.

Sed ne ad hanc quidem vim cogitandi perveniri potest aut subito aut cito. Nam primum facienda multo stilo 3
forma est, quae nos etiam cogitantes sequatur: tum adsumendus usus paulatim, ut pauca primum complectamur animo, quae reddi fideliter possint: mox per incrementa tam modica ut onerari se labor ille non sentiat augenda vis et exercitatione multa continenda est, quae quidem maxima ex parte memoria constat. Ideoque aliqua mihi in illum locum differenda sunt. Eo tandem 4
pervenit ut is cui non refragetur ingenium acri studio adiutus tantum consequatur ut ei tam quae cogitarit quam quae scripserit atque edidicerit in dicendo fidem servent. Cicero certe Graecorum Metrodorum Scepsium et Empylum Rhodium nostrorumque Hortensium tradidit quae cogitaverant ad verbum in agendo rettulisse.

Sed si forte aliqui inter dicendum offulserit extemporalis 5
color, non superstitiose cogitatis demum est inhaerendum. Neque enim tantum habent curae ut non sit dandus et fortunae locus, cum saepe etiam scriptis ea quae subito nata sunt inserantur. Ideoque totum hoc exercitationis genus ita instituendum est ut et digredi ex eo et redire in id facile possimus. Nam ut primum est domo adferre 6
paratam dicendi copiam et certam, ita refutare temporis munera longe stultissimum est. Quare cogitatio in hoc

praeparetur, ut nos fortuna decipere non possit, adiuvare
possit. Id autem fiet memoriae viribus, ut illa quae com-
plexi animo sumus fluant secura, non sollicitos et respici-
entes et una spe suspensos recordationis non sinant
providere: alioqui vel extemporalem temeritatem malo
7 quam male cohaerentem cogitationem. Peius enim
quaeritur retrorsus, quia, dum illa desideramus, ab aliis
avertimur, et ex memoria potius res petimus quam ex
materia. Plura sunt autem, si utrimque quaerendum est,
quae inveniri possunt quam quae inventa sunt.

Quem ad modum Extemporalis Facilitas paretur et contineatur.

1 VII. Maximus vero studiorum fructus est et velut
praemium quoddam amplissimum longi laboris ex tem-
pore dicendi facultas; quam qui non erit consecutus mea
quidem sententia civilibus officiis renuntiabit et solam
scribendi facultatem potius ad alia opera convertet. Vix
enim bonae fidei viro convenit auxilium in publicum pol-
liceri quod praesentissimis quibusque periculis desit, in-
trare portum ad quem navis accedere nisi lenibus ventis
2 vecta non possit,—siquidem innumerabiles accidunt subitae
necessitates vel apud magistratus vel repraesentatis iudiciis
continuo agendi. Quarum si qua, non dico cuicumque
innocentium civium, sed amicorum ac propinquorum
alicui evenerit, stabitne mutus et salutarem petentibus
vocem, statimque si non succurratur perituris, moras et
secessum et silentium quaeret, dum illa verba fabricentur
8 et memoriae insidant et vox ac latus praeparetur? Quae
vero patitur hoc ratio, ut quisquam possit orator aliquando
omittere casus? Quid, cum adversario respondendum erit,

fiet? Nam saepe ea quae opinati sumus et contra quae
scripsimus fallunt, ac tota subito causa mutatur; atque ut
gubernatori ad incursus tempestatium, sic agenti ad
varietatem causarum ratio mutanda est. Quid porro 4
multus stilus et adsidua lectio et longa studiorum aetas
facit, si manet eadem quae fuit incipientibus difficultas?
Perisse profecto confitendum est praeteritum laborem, cui
semper idem laborandum est. Neque ego hoc ago ut ex
tempore dicere malit, sed ut possit. Id autem maxime
hoc modo consequemur.

Nota sit primum dicendi via; neque enim prius contin- 5
gere cursus potest quam scierimus quo sit et qua perveni-
endum. Nec satis est non ignorare quae sint causarum
iudicialium partes, aut quaestionum ordinem recte dispon-
ere, quamquam ista sunt praecipua, sed quid quoque
loco primum sit, quid secundum ac deinceps: quae ita
sunt natura copulata ut mutari aut intervelli sine con-
fusione non possint. Quisquis autem via dicet, ducetur 6
ante omnia rerum ipsa serie velut duce, propter quod
homines etiam modice exercitati facillime tenorem in nar-
rationibus servant. Deinde quid quoque loco quaerant
scient, nec circumspectabunt nec offerentibus se aliunde
sensibus turbabuntur nec confundent ex diversis orationem
velut salientes huc illuc nec usquam insistentes. Postremo 7
habebunt modum et finem, qui esse citra divisionem nullus
potest. Expletis pro facultate omnibus quae proposuerint,
pervenisse se ad ultimum sentient.

Et haec quidem ex arte, illa vero ex studio: ut copiam
sermonis optimi, quem ad modum praeceptum est, com-
paremus, multo ac fideli stilo sic formetur oratio ut script-
orum colorem etiam quae subito effusa sint reddant, ut
cum multa scripserimus etiam multa dicamus. Nam con- 8

suetudo et exercitatio facilitatem maxime parit: quae si
paulum intermissa fuerit, non velocitas illa modo tardatur,
sed ipsum os coit atque concurrit. Quamquam enim opus
est naturali quadam mobilitate animi, ut, dum proxima
dicimus, struere ulteriora possimus semperque nostram
9 vocem provisa et formata cogitatio excipiat; vix tamen
aut natura aut ratio in tam multiplex officium diducere
animum queat ut inventioni, dispositioni, elocutioni, ordini
rerum verborumque, tum iis quae dicit, quae subiuncturus
est, quae ultra spectanda sunt, adhibita vocis, pronuntia-
10 tionis, gestus observatione, una sufficiat. Longe enim
praecedat oportet intentio ac prae se res agat, quantumque
dicendo consumitur, tantum ex ultimo prorogetur, ut,
donec perveniamus ad finem, non minus prospectu proced-
amus quam gradu, si non intersistentes offensantesque
brevia illa atque concisa singultantium modo eiecturi
sumus.

11 Est igitur usus quidam inrationalis, quam Graeci ἄλογον
τριβήν vocant, qua manus in scribendo decurrit, qua oculi
totos simul in lectione versus flexusque eorum et transitus
intuentur et ante sequentia vident quam priora dixerunt.
Quo constant miracula illa in scaenis pilariorum ac venti-
latorum, ut ea quae emiserint ultro venire in manus credas
12 et qua iubentur decurrere. Sed hic usus ita proderit,
si ea de qua locuti sumus ars antecesserit, ut ipsum illud
quod in se rationem non habet in ratione versetur. Nam
mihi ne dicere quidem videtur nisi qui disposite, ornate,
13 copiose dicit, sed tumultuari. Nec fortuiti sermonis con-
textum mirabor umquam, quem iurgantibus etiam muli-
erculis superfluere video, cum eo quod, si calor ac spiritus
tulit, frequenter accidit ut successum extemporalem
14 consequi cura non possit. Deum tunc adfuisse, cum id

evenisset, veteres oratores, ut Cicero, dictitabant. Sed ratio manifesta est. Nam bene concepti adfectus et recentes rerum imagines continuo impetu feruntur, quae nonnumquam mora stili refrigescunt et dilatae non revertuntur. Utique vero, cum infelix illa verborum cavillatio accessit et cursus ad singula vestigia restitit, non potest ferri contorta vis; sed, ut optime vocum singularum cedat electio, non continua sed composita est.

Quare capiendae sunt illae, de quibus dixi, rerum 15
imagines, quas vocari φαντασίας indicavimus, omniaque,
de quibus dicturi erimus, personae, quaestiones, spes,
metus, habenda in oculis, in adfectus recipienda; pectus
est enim, quod disertos facit, et vis mentis. Ideoque
imperitis quoque, si modo sunt aliquo adfectu concitati,
verba non desunt. Tum intendendus animus, non in 16
aliquam rem unam, sed in plures simul continuas, ut si
per aliquam rectam viam mittamus oculos simul omnia
quae sunt in ea circaque intuemur, non ultimum tantum
videmus, sed usque ad ultimum. Addit ad dicendum
etiam pudor stimulos, mirumque videri potest quod, cum
stilus secreto gaudeat atque omnes arbitros reformidet,
extemporalis actio auditorum frequentia, ut miles congestu
signorum, excitatur. Namque et difficiliorem cogita- 17
tionem exprimit et expellit dicendi necessitas, et secundos
impetus auget placendi cupido. Adeo pretium omnia
spectant ut eloquentia quoque, quamquam plurimum
habeat in se voluptatis, maxime tamen praesenti fructu
laudis opinionisque ducatur. Nec quisquam tantum fidat 18
ingenio ut id sibi speret incipienti statim posse contingere,
sed, sicut in cogitatione praecepimus, ita facilitatem
quoque extemporalem a parvis initiis paulatim perducemus
ad summam, quae neque perfici neque contineri nisi

19 usu potest. Ceterum pervenire eo debet ut cogitatio non
utique melior sit ea, sed tutior, cum hanc facilitatem non
in prosa modo multi sint consecuti, sed etiam in carmine,
ut Antipater Sidonius et Licinius Archias (credendum
enim Ciceroni est)—non quia nostris quoque temporibus
non et fecerint quidam hoc et faciant. Quod tamen non
ipsum tam probabile puto (neque enim habet aut usum
res aut necessitatem) quam exhortandis in hanc spem,
20 qui foro praeparantur, utile exemplum. Neque vero
tanta esse umquam debet fiducia facilitatis ut non breve
saltem tempus, quod nusquam fere deerit, ad ea quae
dicturi sumus dispicienda sumamus, quod quidem in
iudiciis ac foro datur semper; neque enim quisquam est
21 qui causam quam non didicerit agat. Declamatores
quosdam perversa ducit ambitio ut exposita controversia
protinus dicere velint, quin etiam, quod est in primis
frivolum ac scaenicum, verbum petant quo incipiant. Sed
tam contumeliosos in se ridet invicem eloquentia, et qui
22 stultis videri eruditi volunt, stulti eruditis videntur. Si
qua tamen fortuna tam subitam fecerit agendi necessi-
tatem, mobiliore quodam opus erit ingenio, et vis omnis
intendenda rebus et in praesentia remittendum aliquid ex
cura verborum, si consequi utrumque non dabitur. Tum
et tardior pronuntiatio moras habet et suspensa ac velut
dubitans oratio, ut tamen deliberare, non haesitare vide-
23 amur. Hoc, dum egredimur e portu, si nos nondum
aptatis satis armamentis aget ventus; deinde paulatim
simul euntes aptabimus vela et disponemus rudentes et
impleri sinus optabimus. Id potius quam se inani ver-
borum torrenti dare quasi tempestatibus quo volent au-
ferendum.

24 Sed non minore studio continetur haec facultas quam

paratur. Ars enim semel percepta non elabitur, stilus
quoque intermissione paulum admodum de celeritate
deperdit: promptum hoc et in expedito positum exer-
citatione sola continetur. Hac uti sic optimum est ut
cotidie dicamus audientibus pluribus, maxime de quorum
simus iudicio atque opinione solliciti; rarum est enim
ut satis se quisque vereatur. Vel soli tamen dicamus
potius quam non omnino dicamus. Est alia exercitatio 25
cogitandi totasque materias vel silentio (dum tamen quasi
dicat intra se ipsum) persequendi, quae nullo non et
tempore et loco, quando non aliud agimus, explicari
potest, et est in parte utilior quam haec proxima; dili- 26
gentius enim componitur quam illa, in qua contextum
dicendi intermittere veremur. Rursus in alia plus prior
confert, vocis firmitatem, oris facilitatem, motum corporis,
qui et ipse, ut dixi, excitat oratorem et iactatione manus,
pedis supplosione, sicut cauda leones facere dicuntur,
hortatur. Studendum vero semper et ubique. Neque 27
enim fere tam est ullus dies occupatus, ut nihil lucrativae,
ut Cicero Brutum facere tradit, operae ad scribendum
aut legendum aut dicendum rapi aliquo momento tem-
poris possit: siquidem C. Carbo etiam in tabernaculo
solebat hac uti exercitatione dicendi. Ne id quidem 28
tacendum est, quod eidem Ciceroni placet, nullum nostrum
usquam neglegentem esse sermonem: quidquid loquemur
ubicumque, sit pro sua scilicet portione perfectum. Scrib-
endum certe numquam est magis quam cum multa
dicemus ex tempore. Ita enim servabitur pondus et
innatans illa verborum facilitas in altum reducetur, sicut
rustici proximas vitis radices amputant, quae illam in
summum solum ducunt, ut inferiores penitus descendendo
firmentur. Ac nescio an si utrumque cum cura et studio 29

fecerimus, invicem prosit, ut scribendo dicamus diligen-
tius, dicendo scribamus facilius. Scribendum ergo quotiens
licebit; si id non dabitur, cogitandum; ab utroque
exclusi debent tamen sic dicere ut neque deprehensus
orator neque litigator destitutus esse videatur.
30 Plerumque autem multa agentibus accidit ut maxime
necessaria et utique initia scribant, cetera, quae domo
adferunt, cogitatione complectantur, subitis ex tempore
occurrant; quod fecisse M. Tullium commentariis ipsius
apparet. Sed feruntur aliorum quoque et inventi forte,
ut eos dicturus quisque composuerat, et in libros digesti,
ut causarum, quae sunt actae a Servio Sulpicio, cuius
tres orationes extant; sed hi de quibus loquor com-
mentarii ita sunt exacti ut ab ipso mihi in memoriam
31 posteritatis videantur esse compositi. Nam Ciceronis ad
praesens modo tempus aptatos libertus Tiro contraxit:
quos non ideo excuso quia non probem, sed ut sint
magis admirabiles. In hoc genere prorsus recipio hanc
brevem adnotationem libellosque, qui vel manu teneantur
32 et ad quos interim respicere fas sit. Illud quod Laenas
praecipit displicet mihi, et in his quae scripserimus velut
summas in commentarium et capita conferre. Facit enim
ediscendi neglegentiam haec ipsa fiducia et lacerat ac
deformat orationem. Ego autem ne scribendum quidem
puto quod non simus memoria persecuturi; nam hic
quoque accidit ut revocet nos cogitatio ad illa elaborata
33 nec sinat praesentem fortunam experiri. Sic anceps inter
utrumque animus aestuat, cum et scripta perdidit et non
quaerit nova. Sed de memoria destinatus est libro
proximo locus nec huic parti subiungendus, quia sunt
alia prius nobis dicenda.

PART II

NOTES

NOTES

I. § 1. haec eloquendi praecepta. The reference is generally to the theoretical part of the work, which has just been completed, but specially to the two books immediately preceding, in which Quintilian deals with *elocutio* (*φράσις*, 'style'). § 1.

sicut . . . ita = *μέν . . . δέ*. So *quemadmodum . . . sic* 5 § 17: cp. § 14 below. More commonly *ut . . . ita*.

cognitioni: 'theoretical knowledge,' as opposed to *vis dicendi*. Another reading is *cogitationi*.

vim dicendi: 'true eloquence,' as in § 8, 2 § 16, and 6 § 2. The *vis* of a thing is its essence, that which makes it what it is: Cic. de Am. § 15 id in quo est omnis vis amicitiae.

non satis . . . valent, nisi, &c. Practice is necessary as well as theory: 5 § 19.

firma quaedam facilitas, a 'sure readiness': cp. § 44 qui confirmare facultatem dicendi volent: § 59: 2 § 12: 7 § 18 sq.

ἕξις: § 59 and 5 § 1. Pliny, Ep. ii. 3, 4 (of Isaeus) ad tantam ἕξιν studio et exercitatione pervenit.

scribendo . . . legendo . . . dicendo. Reading is covered by chs. i–ii: chs. iii–v treat of writing; and ch. vii of extemporary declamation.

conferatur: frequent in this sense in Quintilian (cp. *συμφέρειν*): (1) with ad, as here, and *passim*: (2) with in, 7 § 26: (3) with dat., §§ 27, 63, 71, 95, and elsewhere.

solere quaeri (*ζητεῖσθαι*): the subject is treated, e.g. by Crassus in Cic. de Orat. i. chs. 33–34. For *quaeri* cp. 5 § 13.

qualibet . . . una: sometimes in reverse order, una res quaelibet: i. 12, 7. The collocation does not occur in Cicero.

§ 2. conexa et indiscreta. *Et* is intensive: 'so closely, nay, inseparably connected.' *Indiscretus* in this sense occurs in Tacitus and often in Pliny, but not in Cicero. The pert. part. pass. is often § 2.

used as a verbal adj., e.g. invictus, incorruptus, intactus, inaccessus, &c.

neque . . . et = οὔτε . . . τε, as 3 § 23: 4 § 3: 5 § 22.

solida. The figure is taken from a living organism which gathers strength from the nourishment supplied to it: cp. §§ 19, 31, &c. Tac. Dial. 21.

fuerit. Quintilian is much addicted to this use of the perfect subjunctive: see note on § 37.

multo stilo: 'by much practice in writing.' Quintilian returns to this subject below 3 § 1 sq.: cp. 6 §§ 1 and 3: 7 §§ 4 and 7.

citra lectionis exemplum: 'without the models which reading supplies.' *Citra* is common in this sense (for *sine*, sometimes *praeter*) in Quintilian and other post-Aug. writers. So 7 § 7 citra divisionem.

labor ille, sc. scribendi.

fluitabit, like a vessel drifting about without a pilot (carens rectore). The writing will want method, and that definiteness of aim which models would impose.

quae quoque sint modo. This is the reading of the oldest MSS.: cp. § 8, 7 § 5, and § 6. Some edd. give *quo quaeque sint modo*, probably from a doubt whether *quae quoque* can be explained as = *quae et quomodo*, 'what is to be said and how.' But *quoque* may very well be the abl. of *quisque*, though Cicero seems to avoid such a collocation, unless there is a prep. to make the construction clear: e.g. pro Sulla § 73 quae ex quoque ordine multitudo.

tamen is found in the oldest MSS., and was probably altered to the traditional *tanquam* to introduce the figure. Quintilian often has *tamen* in a conditional clause when it really belongs to the main sentence: e.g. vii. 3, 26. Cp. on § 89.

in procinctu: 'ready for battle.' So xii. 9, 21 armatum semper ac velut in procinctu stantem. Cp. 7 § 24 promptum hoc et in expedito positum. So Milton 'war in procinct' (P. L. vi. 19).

velut clausis thesauris incubabit. Unless he adds practice to his theoretical knowledge, all he knows will be as useless as a miser's hoard. The phrase is a reminiscence of Verg. Georg. ii. 507 condit opes alius, defossoque incubat auro. Cp. Ecclesiasticus, xx. 30, 'Wisdom that is hid, and treasure that is hoarded up, what profit is in them both?'

§ 3. § 3. It does not follow that what is theoretically most indispensable (cp. cognitioni necessaria § 1 above) is for the practical training of the orator of greatest consequence. The most essential element is of course that of speech (*dicere*)—followed by imitation and writing. But perfection of speech can only be attained, like other forms of perfection, by starting from first beginnings (principia), which become relatively unimportant (minima) as things progress.

ut quidquid. Properly *quisquis* is an indefinite relative: in this usage it has the same force as *quisque* (Roby, 2283, 2285).

protinus, of logical consequence, as frequently *continuo* in Cicero: generally with a negative, or a question implying a negative answer. For the form of the sentence cp. § 42 and 3 § 22: §§ 5 and 18 are different.

nam certe. This leads up to the next sentence, beginning *sed ut.*

ante omnia est. This reading has been challenged, but it is found in all MSS., and may be supported by a comparison of ii. 15, 12 dicens iudicialis orationis primum et *super omnia esse persuadere* iudici. Suggested emendations are *ante omnia necessarium* (or *necesse*) *est*, and *ante omnia prodest*: also *ante omnia opus esse.*

imitatio. As is evident from ch. ii, *imitatio* here includes not *lectio* only but *auditio* as well: § 8 optima legendo atque audiendo. It was in this sense that Dionysius of Halicarnassus entitled his work *περὶ μιμήσεως*. For *imitatio* some would read *multa lectio.*

§ 4. procedente iam opere: here of the progress of the orator's **§ 4.**
training.

minima in importance: **prima** in point of time. Quintilian is indicating here that the order of importance does not correspond with the order of development as stated above, viz. (1) the faculty of speech, (2) reading (included under *imitatio*) and (3) writing. These are to be taken first as the subsidiary beginnings (principia) from which we attain to the ultimate object: but as things progress their place will be taken by systematic training in speaking or declamation, an exercise which is always essential to success and can therefore never be left off (7 § 24).

athleta: a metaphor abruptly introduced: cp. § 33: 3 § 7: 4 § 4: 7 §§ 1 and 23. The orator is often compared to an athlete, gladiator, soldier, &c.: see on § 33. Cp. §§ 29, 31, 79: 3 § 3: 5 §§ 15, 17.

numeros: here of rhythmical movements, 'movements according to rule, "passes" in fencing, "throws" in wrestling,' &c.—Mayor. The use of the word in this sense is probably founded on the analogy between rhythm and graceful motion. Sen. de Benef. vii. 1 § 4: Iuv. vi. 249 (of the lady in the arena) omnes implet numeros: Tac. Dial. 32 per omnes eloquentiae numeros isse. For the wider meaning of *numeri*, v. on § 70.

igitur. In Tacitus, *igitur* usually stands first, as frequently in Quintilian : in Cicero very rarely.

res invenire. For the five parts of oratory (which are quite distinct from the five parts of an oration) cp. 7 § 9. They are *inventio* (treated of in Books iii–vi) *dispositio* (vii) *elocutio* (viii–ix) *memoria, actio* or *pronuntiatio* (xi). The antithesis between *res* and *verba* recurs §§ 5 and 6 : also § 61 : 2 § 27 : 3 §§ 5, 9 : 6 § 2 : 7 §§ 9, 22.

sciet. The use of the future in dependent relative sentences is common in manuals of instruction : §§ 5, 10, 13, 17, 22, 25, 33, 112, &c. **instruamus** is virtually future.

eligendi § 6 : cp. dilectus 3 § 5.

collocandi: Cic. de Orat. ii. § 307 ordo collocatioque rerum ac locorum : cp. Or. § 50 : Brut. § 139. Both are parts of *elocutio*. For *ratio* with gerund cp. §§ 17, 54 : 2 § 1 : 3 §§ 5, 31 : and see note on 2 § 3.

qua ratione. The recurrence of *ratione* so soon after *rationem* need create no difficulty in Quintilian : for similar instances of negligence see on 2 § 23. The MSS. give *qua in oratione* for which *qua exercitatione* and *qua in praeparatione* have been conjectured. Quintilian is in this sentence repeating, in more ordinary language, what he has just said in the form of a metaphor.

§ 5. § 5. **Non ergo.** Most MSS. have *Num ergo*, which may be right, as being more unusual.

velut . . . quaedam. So §§ 18, 61 : 3 § 3 : 5 § 17 : 7 § 1, and frequently elsewhere. Cicero generally uses *quasi* or *tanquam quidam*.

ubicumque, so § 10 below. For a less classical use (as an indefinite) see 7 § 28 quidquid loquemur ubicumque.

§ 6. § 6. **propria** here probably means nothing more than 'suitable,' 'appropriate,' in which sense *proprie* occurs immediately below (§ 9 : cp. 2 § 13). So of the language of Simonides, § 64, 'natural' : cp. *proprietas* §§ 46, 121. For the use in which *proprium* is the opposite of *translatum*, see on § 29.

ornata. Cp. viii. pr. § 26 ut propria sint (verba) et dilucida et ornata et apte collocentur, and § 31 : also xi. 3, 30 emendata, dilucida, ornata, apta esse debet oratio.

plus efficientia, 'more significant.' The adj. *efficax* occurs only once in Quint. (vi. 1, 41).

melius sonantia. So *vocaliora* viii. 3, § 16 sq. : cp. i. 5, 4. Cic. Or. § 163 verba . . . legenda sunt potissimum bene sonantia.

in promptu—in readiness, 'at one's fingers' ends,' as it were :

i. e. not only must we be able to recognise them when we see or hear them, but we must always have a stock of them on hand.

§ 7. **quae idem significarent**: 'synonyms.' § 7.

solitos sc. quosdam. Cp. § 56 audire videor congerentes.

occurreret = in mentem veniret: § 13: 3 § 33.

quo idem. The best MSS. give *quod idem*, which may be right.

cum . . . tum etiam. Cp. cum . . . tum praecipue 3 § 28: and, for cum . . . tum, §§ 60, 65, 68, 84, 101.

infelicis operae: of trouble which one gives oneself unnecessarily (cp. 3 § 10: 7 § 14), with the further idea of unproductiveness, as 2 § 8: tr. 'a thankless task.'

congregat. The subject here is indefinite, and must be supplied from the context—'the man who learns by rote.' Quintilian often omits such words as discipulus, orator, declamator, lector: cp. 2 § 24: 7 § 4 and § 25 dum tamen quasi dicat intra se ipsum.

§ 8. The preceding sections (§§ 5–7) form the transition to what § 8.
he now seeks to prove,—the need for *multa lectio* and *auditio* §§ 8–15.

cum iudicio, § 116: 2 § 3. The phrase gives the antithesis of *sine discrimine* above.

vim orandi: see on § 1 above, vim dicendi: cp. 5 § 6. The words denote 'true oratory' as opposed to the 'fluency of a mountebank' or 'charlatan.' For the absolute use of *orare* (common in the Silver Age), cp. § 16: § 76: 5 § 6.

circulatoriam volubilitatem. The *circulator* was a strolling mountebank who amused the crowd by his legerdemain: Sen. de Benef. vi. 11, 2. So also in Seneca's epistles, of quack philosophers. The adjective is found first in Quintilian.—For *volubilitas* cp. Cic. de Orat. i. § 17: pro Planc. § 62.

id, of the idea contained in the previous sentence (parare copiam cum iudicio): 6 § 6: 7 § 4.

non enim. In this form the negative is either attached to a single word, or is meant to be more emphatic: cp. § 109, 5 § 8. On the other hand *neque enim* has less emphasis: § 105: 2 § 1: 3 §§ 10, 23: 4 § 1: 6 § 5; 7 §§ 5, 18, 19, 27.

quod (sc. *nomen*) **quoque.** Some MSS. have *quid quoque*, as at 7 § 5.

§ 9. **nam** is here slightly elliptical (cp. § 83), introducing a con- § 9.
firmation of the statement contained in the words *praeter pauca quae sunt parum verecunda*: 'I make exceptions, for though even these may be admired in ἰαμβογράφοι (Archilochus § 59, Hipponax, &c.), and in the old Comedy, we must look to our own department.'

scriptores iamborum; cp. § 59. Horace imitated Archilochus in some of his Epodes: these are 'parum verecunda.' The *vetus comoedia* is often associated with ἰαμβογράφοι: §§ 59, 65, 96. Hor. Sat. i. 4, 1 sq.; ii. 3, 12.

in illis . . . laudantur. In such expressions *in* with the abl. denotes the range or scope within which the action of the verb takes place. Cp. §§ 54, 63, 64. Cic. Qu. fr. ii. 6, 5 Pompeius noster in amicitia P. Lentuli vituperatur.

nostrum opus: 'what we have to do with here,' our 'department' or 'branch.' It thus = opus dicendi Cic. Brut. § 214, or oratorium *ib.* § 200. In the Silver Age *opus* (like *genus*) is often used to denote a special branch: cp. §§ 31, 35, 64, 69, 70, 72, 74, 93, 96, 123: 2 § 21.

intueri: cp. 2 §§ 2, 26: 7 § 16.

exceptis . . . dixi: sc. *iis* (parum verecundis). Cp. § 104 circumcisis quae dixisse ei nocuerat.

interim for *interdum*, as often in Quintilian, Seneca, and Pliny: cp. § 24: 3 §§ 7, 19, 20, 32, 33 (where we have interim . . interim for modo . . modo) 7 § 31.

nitidiore . . . sordida. Cp. Cic. Brut. § 238 non valde nitens non plane horrida oratio. See note on § 79: and cp. §§ 33, 44, 83, 97, 98, 113, 124.

proprie: v. on § 6 propria. Cp. 5 § 4.

§ 10. § 10. **formas.** The *forma* of a word, in the widest sense, must mean its *shape* as determined by the syllables and letters of which it consists. But the reference here is more particularly to the grammatical forms of inflection, i. e. accidence.

mensuras: the 'quantities' of single syllables, i. e. prosody. Latin concrete plurals often correspond to our abstract names of sciences, e. g. *numeri* 'arithmetic,' *tempora* 'chronology.'

auditione. Then, as now, *auditio* would be specially valuable in regard to prosody (mensurae). The next clause gives the reason for putting it alongside of *lectio*, and also serves to introduce the reference which follows.

propter quod (= δι' ὅ), often in Quint. where Cicero would have used *quam ob rem*. Cp. § 66: 5 § 23: 7 § 6: *propter quae* (= δι' ἅ) § 61: 3 § 30. At § 28 and 3 § 6 we have *praeter id quod* for *praeterquam quod*.

infantes . . . caruerunt. In spite of the vagueness of *regum* and *a mutis nutricibus*, the reference is obviously to the story of Psammetichus, King of Egypt, told by Herodotus (ii. 2), which Quintilian may only have remembered indistinctly.— By *mutis nutr.* are probably meant the goats of Psammetichus: *mutus* having its proper sense, 'uttering inarticulate sounds,' as mutae pecudes Lucr. v. 1059.

verba emisisse: Lucr. 1087–8 ergo si varii sensus animalia cogunt Muta tamen cum sint, varias emittere voces, &c.

§ **11. alia**, sc. verba. § 11.

vocibus. 'Sounds,'—words in regard to their sound and form, while *verba* are words in regard to their meaning. The distinction is given Cic. Or. § 162: cp. Hor. Sat. i. 3, 103 donec verba quibus voces sensusque notarent, Nominaque invenere—where *verba* are the articulate words by which men gave form and meaning to the primitive inarticulate sounds (*voces*).

significationis, for the more usual *ad significationem*, 'in point of meaning.'

quo, sc. verbo.

ensis is the poetic word for *gladius*, though in Quintilian's time the difference between prose usage and poetical in regard to such words had begun to disappear.

τροπικῶς, by a 'turn' or change of application. The meaning is that, while some words are naturally synonymous, others *become* synonyms (ad eundem intellectum feruntur) when used figuratively, though in their literal sense they have each a distinct application (propria rerum aliquarum sint nomina). For the position of *quasi*, after *τροπικῶς*, cp. Sall. Iug. 48 § 3.—Some critics propose to exclude *quasi*, or *quasi tamen*, as the result of a gloss.

feruntur, 3 § 6: lit. 'pass into the same meaning.'

ferrum, mucro: cp. the use of 'iron' and 'steel' for 'sword' in Shakespeare.

§ **12. Nam** is again elliptical, as in § 9, 'and we may go even § 12.
further, for,' &c. It may be translated 'and indeed,' or 'nay more,' or 'likewise.' Cp. §§ 23, 83: and with *quidem* § 50.

per abusionem; by the figure called 'catachresis,'—the use of a word of kindred signification for the proper word.

sicarios. The *sica* among the Romans specially denoted the assassin's poniard.

quocumque. Even before Quintilian's time *quicumque* had acquired the force of an indefinite pronoun (quivis or quilibet): Cic. Cat. 2, 5 quae sanare poterunt, quacumque ratione (potero) sanabo. Cp. § 105, 7 § 2 below: and so frequently in Tacitus, Suetonius, Juvenal (e. g. x. 359), and Martial. Roby § 2289.

circuitu verborum plurium, i. e. periphrasis.

ostendimus = declaramus, significamus, as § 14.

et pressi copia lactis: Verg. Ecl. 1, 81.

plurima, 'very many,' not 'most': a common usage in Quintilian. Cp. §§ 22, 27, 40, 49, 58, 60, 65, 81, 95, 107, 109, 117, 128: 2 §§ 6, 14, 24: 6 § 1: 7 § 17. *Plurima* is a cognate accus.,—lit. 'we very often use a figure in substituting one form of expression for another.' The verb is found in this sense (σχηματίζειν) also in Seneca and Pliny.

§ 13. § 13. **ex proximo mutuari**: i. e. borrow a word that is cognate in meaning, instead of using such negative inversions as the preceding.—Intellego, sentio, video, scio, are cognate words,—'next door' (in proximo) to each other. The substantival use of neuter adjectives in acc. and abl., with prepositions, in expressions denoting place and the like is common in Cicero and Livy: cp. ex integro (§ 20), e contrario (§ 19).

idem valent = ταὐτό or ἴσον δύναται, as often in Cicero and elsewhere in Quintilian.

ubertatem ac divitias: hendiadys, 'a rich store.' For the use of two synonymous nouns instead of a noun and an adjective, cp. Cic. de Or. 1 § 300 absolutionem perfectionemque (= summa perfectio, which never occurs).

occurrent: § 7 and frequently elsewhere in this sense.

§ 14. § 14. **non semper enim**, &c., 'they do not always coincide in meaning,' are not always identical and interchangeable. *Inter se* (ἀλλήλοις) = 'reciprocally,' 'mutually.'

intellego: repeat *recte dixerim*.

mucro: for instance in 5 § 16 *gladius* could not be substituted for *mucro* without the point being lost.

ostendit = indicat, significat. Cp. § 12.

§ 15. § 15. **ut . . . ita**: v. on *sicut . . . ita* § 1.

sic, multa lectione atque auditione § 10. In reading and hearing we are not to aim merely at increasing our stock of words; many other things may be learned by the same practical method. Cp. 2 § 1.

hoc = idcirco, ideo, corresponding to *quia* below, more usually *quod*: cp. § 34: § 129. But see note on *ostendit* below.

etiam ipsis: § 24. Cp. Hor. Sat. 1, 3, 39 Turpia decipiunt caecum vitia aut etiam ipsa haec delectant. Cicero uses *etiam ipse* (with rather more emphasis than *ipse quoque*) de Nat. Deor. ii. § 46: Rab. Post. § 33: pro Planc. § 73: pro Mil. § 21.

quae traduntur artibus. *Artes* is here used, as often in the plural, for the rules or collections of rules taught in schools: cp. § 47 below, and § 49. This use is derived from that in which *ars* stands generally for 'system' or 'theory': as 7 § 12. Elsewhere in Quintilian it is frequently used for a technical treatise: as also in Cicero: e. g. Brutus § 46 ait Aristoteles . . . artem et praecepta Siculos Coracem et Tisiam conscripsisse.

traduntur = docentur, just as accipere = discere.

sine demonstrante: 'without a guide or teacher.' For this use of the participle, cp. 1, 2, 12.

ostendit 'gives a practical demonstration of.' We are not merely to learn the rules (artes) from the *doctor*, but to observe how they are applied by the best writers and speakers.—The whole passage has been much discussed. Kiderlin protests that in the sentence beginning with *Nam* Quintilian cannot be going on to give the reason why *exempla* are better than *artes* before he has said that *exempla* are furnished by reading and hearing. Following the reading of the MSS. (which have *haec*, not *hoc*), he therefore proposes *haec* (sc. reading and hearing) *suggerunt* exempla, potentiora . . . quia, &c.: cp. i. 10, 7; v. 7, 8; x. 1, 13; ii. 2, 8.

§ **16. alia** does not refer to some particular kinds of speeches. § 16.
The meaning is 'some benefits are derived from hearing, others from reading,' i. e. they have each their special points.

spiritu ipso: the 'living breath' (vivunt omnia et moventur), as opposed to the dead letter; the sound of the voice (viva vox) instead of the cold medium of written symbols. Cic. Orat. § 130 carent libri spiritu illo propter quem maiora eadem illa cum aguntur quam cum leguntur videri solent: cp. Plin. Ep. ii. 3, 9.

ambitu rerum. This phrase has been variously explained. Many render by 'bare outline,' 'rough draft or sketch,' 'outline drawing,' without however citing any apposite parallel. Others say it = 'ambitiosa rerum expositione': cp. iv. 1, 18; xii. 10, 3: Declam. iv. 1, pr. Some see no difficulty if the phrase is taken in the same sense as 'ambitus parietis,' 'ambitus aedificiorum.' May the meaning not be that the speaker goes straight to the heart of his subject instead of 'beating about the bush,' like the more leisurely writer?—Recent editors bracket *imagine* as a gloss on *ambitu*: *et* is found only in late MSS.

vivunt omnia enim . . .: 'all is life and movement.' For the position of *enim* cp. non semper enim § 14. In Lucretius *enim* often comes third in the sentence, and even later.

nova illa velut nascentia: the 'new births' of his imagination —of the *spoken* word which has more of the impromptu element about it than the written. Cp. 3 § 7. For this use of *ille* cp. § 17 ille laudantium clamor: § 47: 3 § 6 calor quoque ille cogitationis: 3 §§ 18, 22, 31: 5 §§ 4, 12.

fortuna iudicii, of the issue of the trial in itself: *ipsorum qui orant periculo* is used of the issue as it affects the advocate, who will have all the credit or discredit of success or failure. For the strain which this involved cp. Plin. Ep. iv. 19 § 3.

§ 17. § 17. **vox, actio . . . pronuntiandi . . . ratio.** Here *actio* takes the place of *gestus* in 7 § 9, with the same meaning, the management of the person in speaking. In a wider sense (§ 19) it is used of 'delivery' generally (ὑπόκρισις), occurring more commonly in this sense in previous writers than *pronuntiatio*, which Quintilian gives as an alternative term in iii. 3, 1: cp. xi. 3, 1. *pronuntiandi . . . ratio.* As voice and gesture (together making up *actio* or *pronuntiatio* in the wide sense) have now been mentioned, it is tempting to take this third item in the narrower meaning of 'articulation,' in which it occurs 7 § 22 tardior pronuntiatio. But the prominence given to it (see on *vel potentissima* below) seems to make it necessary to understand the phrase in the widest sense of *pronuntiatio* (as probably § 119), including voice, gesture, and other kindred elements: cp. ad Herenn. § 3 pronuntiatio est vocis vultus gestus moderatio cum venustate: Cic. de Inv. § 7 pronuntiatio est vocis et corporis moderatio.

vel potentissima: § 15 potentiora. For the supreme importance of 'delivery' cp. the well-known story of Demosthenes xi. 3, 6: Cic. Brut. § 142: de Or. iii. § 213: Or. § 56.

semel: 'once for all' 3 § 22, and often.

frequenter, as often in this sense in Quintilian. The lexx. give no example of this use from Cicero, but it is sufficiently common: e.g. de N. D. i. § 59: de Fin. 1 § 16: Or. § 221.

suus cuique favor: 'one's personal predilections.'

ille laudantium clamor. *Ille* again (§ 16) to denote something notorious: ἐκεῖνος. Ancient audiences were highly appreciative, as we may judge from many passages in Cicero and other writers.

§ 18. § 18. **velut tacita quadam verecundia**: tr. 'owing to a sort of unconscious shyness.' *Tacitus* is used frequently of 'unexpressed' thought or feeling: Cic. pro Balb. § 2 opinio tacita vestrorum animorum: Cluent. § 63 tacita vestra expectatio. Cp. Or. § 203: de Or. iii. § 195. These passages show that *tacitus sensus* (not inscius, insciens, nescius, imprudens, &c.) is the right equivalent for 'the unconscious': thus the correct Latin for 'Hartmann's philosophy of the unconscious' is therefore 'Hartmanni quae est de tacito sensu (hominum) philosophia.'

inhibemur . . . credere. In classical Latin the infinitive is common enough after such verbs in the passive, and an object clause is often met with after *prohibere* even in the active: after *impedire* Cicero uses the infinitive only when there is a neuter subject.—For Quintilian's preference for the infin. cp. § 72 meruit credi: § 96 legi dignus: § 97 esse docti affectant: 2 § 7 contentum esse id consequi: 5 § 5 qui vertere orationes Latinas vetant.

cum interim: with indic. as § 111 below. This is the more common construction in Quintilian: Roby, 1733. So *cum interea*: Cic. Cluent. § 82. Translate 'though all the time' the taste of the majority is wrong, while the claqueurs will applaud anything.

a conrogatis. The reference is to the *claqueurs* who were often brought together for a fee to applaud the speakers in the courts: iv. 2, 37: Plin. Ep. ii. 14, 4. Cp. Iuv. vii. 44 with Mayor's note.

§ 19. e contrario: see on *ex proximo* § 16. **§ 19.**

gratiam . . . non referant: 'a depraved taste will fail to give proper recognition to what is more than well spoken.' For *prava iud.* cp. § 125 severiora iudicia: and § 72 below.

nec actionis impetu transcurrit: 'does not hurry past us with the rapid swoop of oral delivery.' For the active use see 5 § 8 which gives the same antithesis as there is between this sentence and the next. For the abl. cp. *diversitate* 5 § 10.—Halm and Meister read *ut actionis impetus*.

sive . . . sive: the subj. of the 2nd person represents the French *on* or Germ. *man* with the 3rd person.

repetamus et tractemus: subj. of command 'we must go back on what we have read and revise (think over) it thoroughly.' The phrase is a sort of hendiadys = repetendo tractemus: or else the *re* of *repetamus* is to be supplied in thought with *tractemus*: cp. Cic. de Div. 1 § 1 praesensionem et scientiam rerum futurarum.

cibos. Note the parallelism between *mansos*, *liquefactos*, and *demittimus* on the one hand, and *mollita*, *confecta*, *tradatur* on the other.

digerantur, late Latin for *concoquantur*.

lectio = 'what we read.'

mollita. Ov. Met. i. 228 atque ita semineces partim ferventibus artus Mollit aquis.

confecta, 'chewed,' 'masticated': so Columella vi. 2 § 14 (or oxen) multi cibi edaces verum in eo conficiendo lenti: Pliny N. H. xi. § 160 (of the teeth) qui digerunt cibum (the incisors) lati et acuti, qui conficiunt (the grinders) duplices. Cp. Cic. N. D. ii. § 134: Livy ii. 32, 10.

memoriae imitationique, 'to the memory for (subsequent) imitation.'

§ 20. **§ 20. non nisi** is here practically an adverb (tantum), modifying only one term of the proposition (cp. 3 § 29: Ovid. Tr. iii. 12, 36), instead of, as in Ciceronian Latin, belonging to different clauses, or at least different parts of the same clause. In the latter case it is almost always separated, the *non* preceding or following the *nisi*: 3 § 30 nisi in solitudine reperire non possumus: 5 § 5: 7 § 1.

fallat, i.e. as a model of style. For the construction cp. § 44 tenuia atque quae minimum ab usu cotidiano recedant: §§ 78, 118, 119.

sed does not bear an adversative meaning, but is equivalent to *et quidem, immo vero,* 'nay more.'

ad (=usque ad) **scribendi sollicitudinem**, i. e. as thoroughly and as slowly. Cic. pro Mil. § 80 prope ad immortalitatis et religionem et memoriam consecrantur, 'they are worshipped almost as immortal gods.' For *scrib. soll.* (of the careful deliberation one gives to writing) cp. scribentium curam 3 § 20: Plin. Ep. ii. 5 § 2 his tu rogo intentionem scribentis accommodes.

utique: 'by all means.' In § 57 we have nec utique = 'not necessarily': without the negative it = omni modo, 'anyhow,' 'under any circumstances,' 'happen what may.' (Cp. Cic. ad Att. xii. 8: xiii. 48, 2.) It frequently occurs with the gerundive, as here: cp. §§ 24, 103: 2 § 10: 5 § 12: 7 §§ 14, 19, 30.

ex integro. In such adverbial expressions *de* or *ab* was formerly more common.

praecipue for *praesertim*: cp. § 89: and with *cum* ix. 2, 85: Hor. Ep. ii. 1, 261.

ex industria (§ 125: 5 § 9) occurs Plaut. Poen. i. 2, 9: Livy i. 56, 8. Quintilian has also *de industria.*

quoque: as often in Quint. for *etiam*, § 121, § 125: 2 § 14.

§ 21. **§ 21. actionis** as below § 22: 5 § 20. Cp. Prima actio in Verrem, &c.

in summa: i.e. will not tell till the end is reached. For the (poetical) use of summus = extremus cp. § 97.

suo loco, 'where they occur,' not as 5 § 23. To appreciate such points thoroughly, we must know their bearing on the whole argument.

ideoque very common in Quint. for *itaque*: §§ 27, 31, 102; 2 §§ 17, 26: 3 §§ 16, 25, 28, 33: 5 §§ 5, 16: 6 §§ 3, 5: 7 § 15. So Tac. Dial. 31 ad fin.: Germ. 26.

repetenda as § 19.

§ 22. **§ 22. illud**, like ἐκεῖνο, to introduce what follows: § 67: 2 § 7: 5 § 11: 7 § 32.

utrimque, § 131; 5 § 20.

Demosthenis et Aeschinis. The reference is to the *De Corona* of Demosthenes and Aeschines *Contra Ctesiphontem*,—both translated by Cicero (Opt. Gen. Or. § 14): also to the *De Falsa Legatione* of both orators, and Aeschines *Contra Timarchum*.

Servi Sulpici: see on § 116.

Messallae: see on § 113.

pro Aufidia. iv. 2, 106: vi. 1, 20.

Pollionis: see on § 113.

Cassii: see on § 116.

reo Asprenate. C. Nonius Asprenas, a friend of Augustus, was prosecuted by Cassius for poisoning, and was defended by Pollio, Suet. Aug. 56. Pliny (N. H. 35, 46) tells us that 130 guests were poisoned.

§ **23. quin etiam.** This is the reading of the MSS., though in view of the careless repetition below some propose to exclude *quin*. But *si* followed by *tamen* often = *etiamsi*: Cic. pro Leg. Man. § 50: pro Deiot. § 25: Sall. Iug. §§ 85, 48, &c. **§ 23.**

minus pares, i.e. in point of rhetorical worth. This is an exception to the rule 'non nisi optimus quisque legendus,' &c. Others would explain, 'in cases where the combatants are not equally matched, as were Demosthenes and Aeschines.' For *si . . . aliquae* cp. 2 § 23: 6 § 5.

recte requirentur, i.e. 'it will be well to get them up.'

Ciceronis orationes: 'pro Ligario,' and 'in Verrem.' The former was impeached by Q. Tubero (B. C. 46) for having sided with the Pompeians in Africa, and was successfully defended by Cicero.

Hortensi pro Verre B.C. 70. Nothing of Hortensius remains, so that posterity has not had the opportunity which Cicero hoped it would enjoy: Brut. § 324. Quintilian does not mention him among the Roman orators, §§ 105–122.

utile erit scire. Here the MSS. give *quis etiam . . . causas utrisque erit scire*. Among other conjectures may be noted *causas ut quisque egerit intererit scire* (Becher), and *quis etiam illud utile neget easdem causas ut duo tresque egerint scire?* (Kiderlin).

de domo Ciceronis. Cicero's house was destroyed at the instigation of Clodius, after his banishment in B.C. 58. On his return he delivered his speech pro Domo Sua before the Pontiffs, and the senate decreed that his house should be restored at the public cost.

dixit Calidius. His speech must have been something more than a mere rhetorical exercise, as some have supposed: it probably argued the question before a tribunal in a different form. He was born B.C. 97: was praetor 57: and died 47.

Brutus, M. Iunius (B. C. 85–42) justified in this speech the murder of Clodius, not (as Cicero had done) by the statement that Clodius had plotted Milo's death, but on the ground that he was a bad citizen and deserved to die: iii. 6, 93. Other references are § 123 and 5 § 20.

egisse: to have actually delivered it: opposed to *scripsit*.

Cornelius Celsus: see on § 124.

et Pollio et Messalla. The first *et* is not correlative to the second, but adds to the *et pro Milone* clause a third example, as the *et* before *nobis pueris* does a fourth.

nobis pueris: an autobiographical reminiscence: cp. § 86.

Voluseno Catulo: not mentioned elsewhere.

Domiti Afri: see on §§ 86, 118.

Crispi Passieni. He was the stepfather of Nero, according to Suetonius (Nero, 6), and died A.D. 49. His father's oratory is highly praised by M. Seneca; and Seneca the philosopher refers to the hereditary eloquence of the family in the epigram he addresses to Crispus: Maxima facundo vel avo vel gloria patri (vi. 9).

Decimi Laeli: probably the same as the Laelius Balbus who undertook an impeachment under Tiberius: Tac. Ann. vi. 47.

ferebantur: i.e. people spoke of them as great speeches: they were 'current' literature. Cp. § 129: 7 § 30: so vulgo ferri Suet. Iul. 20.

§ 24. § 24. **Neque id statim** introduces a second precept, the first having been given in § 20. He passes here from orators to writers in general.

id of what follows (omnia . . . esse perfecta): as §§ 37, 112: 2 § 21. So *illud* § 22.

auctores = scriptores. In the Ciceronian age *auctor* carried with it some idea of 'authority,' 'warranty' or the like: Cic. pro Mur. § 30 and Tusc. iv. § 3. Cp. §§ 37, 40, 48, 66, 72, 74, 85, 93, 124: 2 §§ 1, 15: 5 §§ 3, 8.

utique: see on § 20. It is often used in stating a consequence: v. 10, 57 quod iustitia est utique virtus est, quod non est iustitia potest esse virtus.

labuntur: § 94: 2 § 15.

oneri cedunt: contrast § 123 sufficit ponderi rerum.

indulgent . . voluptati: cp. § 98: and nimium amator ingenii sui (of Ovid) § 88.

dormitare. It was in a letter that Cicero made use of the expression here cited: Plut. Cic. 24 *καίτοι τινὲς τῶν προσποιουμένων δημοσθενίζειν ἐπιφύονται φωνῇ τοῦ Κικέρωνος, ἣν πρός τινα τῶν ἑταίρων* ἔθηκεν ἐν ἐπιστολῇ γράψας, ἐνιαχοῦ τῶν λόγων ἀπονυστάζειν τὸν Δημοσθένη. Cp. Cic. Or. § 104.

interim: see on § 9. Quintilian here uses *aliquando*, *nec semper*, *nonnumquam*, and *interim* alongside of each other.

Horatio: A. P. 359 et idem indignor quandoque bonus dormitat Homerus.

etiam . . . ipse: see on § 15.

§ **25**. **deteriora**: cp. § 127 sq. (of the imitation of Seneca's § **25**.
faults): 2 §§ 15, 16.

abunde, often used to heighten the force of adjs. and advbs. See on § 94: and cp. § 104.

§ **26**. **circumspecto**. So verba non circumspecta Ov. Fast. v. § **26**.
539: also in Suetonius, Columella, Seneca, and Valerius Maximus.

plerisque. As in Tacitus, *plerique* has often in Quintilian the force of *multi*, *nonnulli*, or *plures*: cp. §§ 31, 34, 37, 66, 106: 2 § 13: 3 § 16.

ac si: 2 § 8. It almost = quod si: both relate to what has gone before.

alteram = alterutram: 'on one side or on the other.' So also in Cicero: e. g. ad Att. xi. 18, 1: Acad. ii. 43, 132.

maluerim: see on *fuerit* § 37.

§ **27**. **conferre** with dat. §§ 63, 71, 95. Cp. on § 1. § **27**.

Theophrastus: see on § 83.

neque immerito: 'and not without reason,'—an elliptical expression (referring to both *dicit* and *sequuntur*) used to introduce the proof of a foregoing statement. So § 79 nec immerito. Cicero often has neque iniuria, nam, &c.

ab his . . . petitur: 'it is to the poets that we must go for,' &c.

res. See on § 4.

spiritus: §§ 44, 61, 104: 3 § 22: 5 § 4: 'inspiration.' So often in Horace: Od. iv. 6, 29: Sat. i. 4, 46.

in verbis sublimitas: 'elevation of language.'

in adfectibus motus omnis. Poetry shows how to appeal to every feeling of our emotional nature. In vi. 2, 7, we find the two divisions of *adfectus*, *πάθος* and *ἦθος*. Cp. §§ 48, 53, 55, 68, 107: 2 § 27: 7 §§ 14, 15.

in personis decor: 'the appropriate treatment of the characters,' a sense of what the fitness of things demands in adapting speech to the persons to whom it relates. Cp. Cic. de Off. i. § 87. This 'propriety' was always much praised in Lysias, Hor. A. P. 156–7. Cp. §§ 62, 71: 2 § 27, 22.

attrita cotidiano actu. Cp. 5 § 14 facundia . . . adsidua contentionum asperitate fatigata renovatur. So Tac. Dial. 13 me vero dulces, ut Vergilius ait, Musae, &c.: cp. 3 and 4. Plin. Ep. viii. 4, 4.

Cicero, pro Arch. § 12 Quaeres a nobis, Grati, cur tanto opere hoc homine delectemur. Quia suppeditat nobis ubi et animus ex hoc forensi strepitu reficiatur et aures convicio defessae conquiescant.

§ 28. § 28. **non per omnia**, &c. 2 §§ 21–22.

libertate verborum, § 29: 5 § 4.

licentia figurarum: see exx. in § 12, with note on *figuramus*: cp. § 29.

For **poeticam . . . comparatam** the MSS. give *genus . . . comparatum*. There is something to be said for the suggestion (Hermathena viii, p. 221) that after *genus*, *orationis* may have fallen out, owing to its resemblance to *ostentationi*. This would make the feminine participles *adligata*, *depulsa* quite intelligible.

ostentationi comparatam. Poetry is 'epideictic' in character: and of the *γένος ἐπιδεικτικόν* Quintilian says (iii. 4, 13) non tam demonstrationis vim habere quam ostentationis videtur. Forensic oratory, like everything else that has an immediate and practical aim, cannot afford to set such store on 'beauty of presentation.'

praeter id quod for the more classical *praeterquam quod* (which only occurs twice in Quintilian. So 2 § 26: 3 § 6: cp. § 80 ob hoc quod: § 108 in hoc quod: 3 § 18 ex eo quod.

fingendo . . . falsa. Arist. Poet. 9 and 24; especially (of Homer) *Δεδίδαχε δὲ μάλιστα Ὅμηρος καὶ τοὺς ἄλλους ψευδῆ λέγειν ὡς δεῖ . . . Προαιρεῖσθαί τε δεῖ ἀδύνατα καὶ εἰκότα μᾶλλον ἢ δυνατὰ καὶ ἀπίθανα.*

patrocinio. Poetry has the benefit of a sort of 'prerogative,' as compared with history. The idea of 'defence' implies 'justification': and much that could be justified and vindicated in the poet would be without excuse in the orator.

§ 29. § 29. **adligata**, 3 § 10. For the 'restraints of metre' cp. Cic. de Or. 1 § 70 est enim finitimus oratori poeta, numeris astrictior paulo verborum autem licentia liberior.

propriis, sc. verbis. Direct, natural, and unartificial language. Cp. 5 § 8, and see on § 6, above.

deverticula: 'by-ways' of expression. The word literally means a lane turning off from a highway.

extendere and **conripere** are used of syllables: **convertere** and **dividere** of words. An instance of 'lengthening' is 'induperator' for imperator: of 'contracting' 'periclum' for periculum. As an example of 'transposition' (the removal of words from their usual order) we may take 'collo dare bracchia circum': and for *dividere* (separation by tmesis) 'hyperboreo septem subiecta trioni' and other instances from Vergil.

nos: 'we advocates.' For the figure in *armatos stare* see on § 4 athleta. Cp. Cic. Or. § 42 nos iam in aciem dimicationemque veniamus.

decernere, another military figure. See on *decretoriis* 5 § 20.

§ 30. **Neque ego velim**: 'and yet I should not like.' For neque = 'but not' cp. § 80: 5 § 5: 7 § 4. The MSS. give *neque ergo*. § 30.

arma. Cp. de Orat. 1 § 32: Tac. Dial. 5. So often 'arma facundiae.'

situs, the 'rust' or 'mould' that comes from *being let alone* (sino), as often in Vergil, e.g. segnem patiere situ durescere campum Georg. i. 72: loca senta situ Aen. vi. 462.

fulgorem . . . qui terreat: Hor. Car. ii. 1, 19–20 iam fulgor armorum fugaces Terret equos equitumque voltus.

quo, sc. fulgore.

praestringitur § 92. Cic. Fin. iv. § 37: De Sen. § 42 mentis ut ita dicam praestringit oculos (sc. voluptas).

auri argentique . . . periculosus. The practical speaker would only prejudice his case by the use of ornament which, as in poetry, makes *ostentatio* and *voluptas* (§ 28) its chief object. Cp. Tac. Agr. 33 auri fulgor atque argenti, quod neque tegit neque vulnerat.

potius is used pretty much as *saepius* ('oftener than not') below § 32. It should be taken closely with *habenti* (sc. quam adversario).

§ 31. **Historia** §§ 73–75: §§ 101–4. Cp. Cic. de Orat. 1 § 201 monumenta rerum gestarum et vetustatis exempla oratori nota esse (debent); ii. §§ 51–64, where Antonius discourses on history: Or. § 66: Pliny Ep. v. 8, § 9. § 31.

uberi: so Spalding for MSS. *moveri*. Some later MSS. give *molli*.

suco, 'sap': Cicero often uses the same figure: de Or. ii. § 93: ib. § 88.

et ipsa: like poetry in § 28: καὶ αὐτή, 'likewise.' No conclusive instance of the use of *et ipse* can be cited from Cicero. For other exx. see 5 §§ 4, 20: 6 § 1: 7 § 26.

sic . . . ut: 'in reading history we must bear in mind,' &c.

vitandas: cp. 2 § 21.

poetis = poetarum operibus. For the brachyology cp. de Or. ii. § 4 nostrorum hominum prudentiam Graecis (Graecorum prudentiae) anteferre. See the passage in Aristotle's Poetics (ch. ix) on the relations of Poetry to History.

solutum, sc. necessitate pedum § 29.

opus: the whole class of work: see on § 9.

ad actum rei = ad rem agendam, the doing or performance of a thing. Cp. 27 actu forensi: 6 § 1 inter medios rerum actus (where see note).

pugnam praesentem § 29. Cp. what Thucydides says of his history i. 22, 4 *κτῆμά τε ἐς ἀεὶ μᾶλλον ἢ ἀγώνισμα ἐς τὸ παραχρῆμα ἀκούειν ξύγκειται.*

ad memoriam posteritatis: cp. §§ 41, 104: 7 § 30: Plin. Ep. v. 8, 2: Cic. Brut. § 92 where Cicero, speaking of some orators, says 'memoriam autem in posterum ingenii sui non desiderant.'

remotioribus = ab usu remotis. Cp. libertate verborum § 28.

evitat, 'seeks to avoid,' a present of endeavour.

§ 32. **§ 32. ut dixi.** Cp. iv. 2, 45 vitanda est etiam illa Sallustiana . . . brevitas et abruptum sermonis genus: and below § 102.—So Cicero, speaking of Thucydides, says 'nihil ab eo transferri potest ad forensem usum et publicum,' Or. § 30: cp. Brut. § 287.

vacuas is opposed to 'occupatum variis cogitationibus,' just as **eruditas** is to 'saepius ineruditum.' So Lucr. i. 50: the opposite, *occupatae aures*, occurs Livy xlv. 19, 9.

saepius ineruditum. Since Augustus added to the three 'iudicum decuriae' a fourth to judge of minor cases, this office fell into disrepute. Caligula afterwards raised the number to five.

lactea ubertas: 'pure, clear, fulness.' Milk is taken as the type of natural, sweet, and simple fare, so that the phrase indicates not rich fulness merely, but fulness combined with clearness and simplicity: cp. clarissimi candoris § 101.

satis docebit, i. e. in *narratio* § 49 (*διήγησις*). See note on the three *genera dicendi* § 80.

speciem . . . fidem. It is not beauty of exposition (species or splendor) that the juror looks for in *narratio* or *expositio*, but truth and credibility (fides).

§ 33. **§ 33. Adde quod** 2 §§ 10, 11, 12. This phrase is found in Lucretius, Horace (Satires and Epistles), and frequently in Ovid, but not in Vergil. *Quod* is probably the conjunction (= *adde huc quod*) rather than a relative referring to a demonstrative to be supplied in thought.—The MSS. give *audeo quia*; for which *id eo fortius dicere audeo quia* has been conjectured.

M. Tullius. Or. §§ 30, 31, 32. Cicero saw that 'Thucydides represents an immature stage in the development of oratory: his speeches had been superseded by maturer models' (Sandys). Cp. § 73.

quamquam with subj. as 2 § 21: 7 § 17.

bellicum canere: Or. § 39: his style is a 'call to arms,' it stirs like the sound of a war-trumpet § 76.

huius ore, &c. Or. § 62 Xenophontis voce Musas quasi locutas ferunt. Diog. Laert. ii. § 57 ἐκαλεῖτο δὲ καὶ Ἀττικὴ Μοῦσα γλυκύτητι τῆς ἑρμηνείας. Cp. § 82 below.

in digressionibus: opposed to *in his de quibus erit quaestio* below. Elsewhere (iv. 3, 14) *egressio*, or παρέκβασις is defined as 'alicuius rei, sed ad utilitatem pertinentis, extra ordinem excurrens tractatio.'

historico . . . nitore: 5 § 15: Plin. Ep. vii. 9, 8 saepe in orationes quoque non historica modo sed prope poetica descriptionum necessitas incidit: cp. ii. 5, 5. For *nitor* see on § 9 *nitidus*.

dum. Quintilian does not use *dummodo*: *dum* occurs again in this sense in 3 § 7: 7 § 25. In 3 § 5 it occurs without a verb: so *modo* 5 § 20.

toris . . . lacertis, 'not the athlete's swelling thews, but the sinewy arm of the soldier.' Cp. the antithesis *carnis—lacertorum* § 77.

lacertis. As opposed to *brachium*, *lacertus* is the upper part of the arm, from the shoulder to the elbow. Cp. Cic. Brut. § 64 in Lysia sunt saepe etiam lacerti, sic ut fieri nihil possit valentius. *Opus* was inserted in some old edd., and so Spalding.

versicolorem . . . vestem, probably a translation of some Greek phrase used in reference to Demetrius, to indicate a style too ornamental for the forum. For Demetrius see on § 80.

dicebatur, i. e. by his contemporaries.

bene ad . . . facere: 5 § 11 in hoc optime facient infinitae quaestiones. This construction is common in Ovid; e. g. Her. 16, 189 ad talam formam non facit iste locus: cp. ib. 6, 128. *Facere* is also used absolutely, as Ovid, Trist. iii. 8, 23 'Nec caelum nec aquae faciunt nec terra nec aurae': 'do not agree with me.'

§ **34. historiis**: for the plural see on § 75. Cp. note on *lectionum* § 45. **§ 34.**

alius usus. Crassus in the De Oratore insists on this: cp. 1 § 48: § 18 tenenda praeterea est omnis antiquitas exemplorumque vis. Tac. Dial. 30 nec in evolvenda antiquitate . . . satis operae insumitur.

et is quidem. Cic. Fin. 1 § 65 in domo, et ea quidem angusta. In 5 § 7 we have *et quidem* with the pronoun omitted: so often in Pliny.

non ad praesentem . . . locum, because here he is speaking of the advantage of reading history only from the point of view of *elocutio*: his subject is *copia verborum*.

litigatore: the client, from whom the essential facts of the case must be learned.

vetustate . . . cognita go together. Before *sumat* supply *ut*.

hoc quod . . . vacant § 15. Cp. Tac. Hist. 1, 1: Ann. 1, 1.

§ 35. § **35. philosophorum**: §§ 81–84: §§ 123–131. We have the same complaint, that the orator has 'abandoned the fairest part of his province' to the philosopher in Book i. pr. §§ 9–18: cp. xii. 2 §§ 4–10. Quintilian's frequent statement of the argument that philosophy, especially moral philosophy, is an essential part of the orator's equipment is a corollary to his main thesis, 'non posse oratorem esse nisi virum bonum': cp. rationem dicendi a bono viro non separamus. So in the Orator §§ 11–19 Cicero places a philosophical training among the first requisites of the ideal orator.

operis: see on § 9.

cesserunt: for this constr. with dat. and abl. cp. Cic. pro Mil. § 75 nisi sibi hortorum possessione cessissent.

de rebus divinis. The Stoic definition of σοφία included this—ἐμπειρία τῶν θείων καὶ ἀνθρωπίνων καὶ τῶν τούτου αἰτιῶν.

maxime = potissimum.

Stoici, inserted in the text by Meister, is specially appropriate to *de rebus divinis* above, and in view of their logical acuteness (*argumentantur acriter*). But on the other hand Quintilian may be speaking only of philosophy in general, and it might be better to delete *Socratici* in the next line but one as a gloss. Cp. § 84.

altercationibus. The essence of the *altercatio* is that it was conducted in the way of short answers or retorts: it is specially used of a dispute carried on in this way between two speakers in the senate, or in a court of law, or in public. A famous instance in the senate is the dialogue between Cicero and Clodius (ad Att. i. 16, 8). As to the construction, both words are generally taken as ablatives of instrument, *interrogationibus* referring to the Socratic ἔλεγχος. But it is possible to take them as datives (as often in Quintilian after *praeparo*), referring to two well-understood parts of the duty of a counsel in an action-at-law. The *altercatio* (see vi. 4, 1) was a discussion carried on by opposing advocates: it followed (when resorted to) the examination of witnesses, which was in Roman usage preceded by the main speeches for the prosecution and defence, embracing all the facts of the case (Cic. in Verr. i. 1 § 55). Cp. Brutus § 159 iam in altercando (Crassus) invenit parem neminem. Tr. 'for debates and examinations of witnesses.'

Socratici: § 83. The writers of the Socratic form of dialogue are meant, Plato, Xenophon, and Aeschines Socraticus. Their practice of fashioning the imagined objections of their opponents in such a manner as to make them easy of refutation would render them good models.

§ **36. his quoque**, sc. philosophis—as well as with the poets and historians §§ 28, 31. § **36.**

ut . . . sciamus, consecutive, expressing result, not final: tr. by participle 'remembering,' &c.: cp. ut sciamus after *sic* in § 31. So 2 § 28: 4 § 4: 5 §§ 6, 9: 6 § 3: 7 § 10.

in rebus iisdem: 'on the same topics,' viz. questions of right and wrong, &c., which are common to philosophy and law.

litium ac disputationum: 'lawsuits and philosophical discussions.'

fori . . . periculorum: note the chiasmus. For the antithesis *fori . . . auditorii* cp. § 79 auditoriis . . . non iudiciis. Tac. Dial. 10 nunc te ab auditoriis et theatris in forum et ad causas et ad vera proelia voco. These *auditoria* (lecture-rooms, or generally = places for public prelections, literary and philosophical) were the scene of the *recitationes* of which we hear so much in this age: § 18.

periculorum: law-suits, actions-at-law, referring, as often in Cicero, to the issues at stake for the defendant in such actions. Cp. 7 § 1.

§ **37.** This paragraph forms a transition to the characterisation of individual representatives of each of these four departments. Quintilian's list does not however aim at completeness: it is conditioned by the object which he has in view, viz. the reading of what is profitable for the formation of style (ad faciendam φράσιν § 42), and he constantly reminds the reader that he is merely giving a sample of the best authors (§§ 44: 56–60: 74: 80: 104: 122). § **37.**

legendi, does not occur in MS.: it may have dropped out owing to *legendo* above. The usual reading is *legendi et*, but the *et* may be as superfluous here as it is before *efferentes* in 3 § 11: cp. Tac. Dial. xvi, 16, quos vocetis antiquos, quam . . . aetatem . . . significetis.

auctore: see on § 24.

persequi singulos: 'to notice all individually:' § 118.

fuerit: cp. superaverit § 46: dixerim § 14: maluerim § 26: dederit § 85: cesserimus § 86: quos viderim § 98: cesserit § 101: opposuerim § 105: abstulerit § 107: ne hoc . . . suaserim 2 § 24: nemo dubitaverit 3 § 22: contulerit 5 § 4: ne . . . contrarium fuerit 5 § 15.

§ **38. Quippe cum**, only here in Quintilian, cp. § 76. § **38.**

versuum: often in Quintilian of 'lines' of prose: § 41: 3 § 32: 7 § 11.

aetatis suae. This expression, taken by itself, may embrace either the whole career of Cicero as an orator, about 35 years, to the date of the Brutus (B.C. 46), or else his life from the time when he began to hear the orators of the forum as a student (B.C. 90), a period of over 44 years: Brut. § 303.

[**quibuscum vivebat**]. This reading first appears in the Aldine edition: the best MSS give *quidqui convivebit.* Some interpret it to mean 'with whom he lived in close, familiar intercourse' (opp. to quos viderim §§ 98, 118): cp. Cic. de Off. i. § 143 quibuscum vivimus ib. § 40. But in Brutus § 231 Cicero distinctly says 'in hoc sermone nostro statui neminem eorum qui viverent nominare,' whence Jeep was led to conjecture *qui quidem viverent*: Hortensius e.g. was 'aetatis suae,' but had died four years before the date of the Brutus.

Caesare atque Marcello. These exceptions were made at the request of Brutus himself § 248. For Caesar see on § 114. M. Claudius Marcellus, consul B.C. 51, was a Pompeian for whom, after Pharsalus, his friends procured the pardon which he would not himself sue for.

quis . . . modus. When *quis* is used adjectivally, as here and in § 50, it does not mean 'what kind of' (as *qui*), but rather 'will there be any,' &c. Cp. quis locus = 'where is the spot?'

persequamur is a conjecture by Regius: the MSS. give *et Graecos omnes et philosophos.* The last two words have been rejected as a gloss: both here and in the next sentence Quintilian is speaking of orators only, and if we have the philosophers we should expect also the poets and historians. Some suppose a lacuna, and would read *si et illos et qui postea fuerunt et Graecos omnes persequamur et poetas et historicos et philosophos.*

§ 39. § 39. **Fuit igitur.** This passage has been much discussed, and it has even been proposed to invert the sections on account of the want of connection between §§ 40–42 and §§ 37–39. Taking §§ 37–45 as they stand the sequence of thought seems to be this: 'If I am asked to recommend individual writers I shall have to take refuge in some such utterance as that of Livy. His *dictum* was "read Demosthenes and Cicero first, and let others follow in the order of their resemblance to Demosthenes and Cicero." Mine is that there is some good to be got out of almost every author,—except of course the utterly worthless. But (*sed non quidquid*, &c. § 42) the particular object I have in view itself supplies a limitation for what would otherwise be an endless task (*infiniti operis* § 37). My business is the formation of style. In regard to this matter there is a difference of opinion—a cleavage between the old school and the new (see esp. § 43). This opens up the whole question of the various *genera dicendi*, a detailed examination of which I must postpone: for the present I shall take the various departments of literature (*genera lectionum* § 45) and mention in connection therewith certain representative writers who may serve as models for the students of style ((*iis*) *qui confirmare facultatem dicendi volent*).'

brevitas illa = brevis illa sententia, introducing the clause in acc. c. inf.

Demosthenì et Ciceroni: §§ 105–112: Inv. x. 114. Note the pointed repetition of the names.

§ **40. nostri iudicii summa**: 'my opinion in general,' as opposed to the criticism of each writer individually. What the gist of this opinion is he states in the next sentence, with *enim*. For *summa* cp. § 48: 3 § 10. § **40.**

vetustatem pertulerunt: 'have stood the test of time.' The phrase is properly used of wine,—wine that will 'keep,' as we should say (aetatem ferre): Cic. de Amic. § 67 ut ea vina quae vetustatem ferunt.

iudicium adhibentibus: § 131: § 72.

ingeniosis . . . carentibus. Ovid, Trist. ii. 424 Ennius ingenio maximus arte rudis.

ingeniosis quidem. Here again (cp. on § 34) Cicero would have used the pronoun,—ingeniosis illis quidem. Cp. §§ 88, 124: i. 10, 17.

Cicero . . . fateatur. The Brutus contains e. g. a eulogy of Cato, who is said to be rough, but excellent, like the early statues and paintings and poems: §§ 61–66: Or. § 169.

§ **41. multo aliud** for the more usual *longe aliud*: so *quanto aliud* § 53. *Aliud* here serves for a comparative. § **41.**

novis: the writers subsequent to Cicero.

quotus quisque: 'each unit of what whole number' = 'one in how many,' and so 'how small a proportion,' 'how few.'

tam demens . . . qui: § 48 nemo erit tam indoctus qui non . . fateatur: on the other hand § 57 tam . . . ut non. Cp, 'Lives there a man with soul so dead *Who* never to himself has said . . .?'

alicuius fiducia partis (objective genitive): 'with even the smallest confidence at least in some portion or other (of his writings).'

memoriam posteritatis: see on § 31.

versus: § 38.

§ **42. protinus**: 'at once,' 'as a matter of course.' See on § 3: cp. statim § 24. § **42.**

ad faciendam φράσιν: 'for the formation of style': cp. § 87 phrasin . . . faciant. For the whole expression cp. § 65 ad oratores faciendos aptior: 3 § 3 vires . . . faciamus: ib. § 10 qui robur aliquod in stilo fecerint: ib. § 28 faciendus usus. We must always keep this point of view in mind in estimating the literary judgments pronounced by Quintilian in this book: he is concerned mainly with *form*, in its relation to oratorical style. In the same way, § 87, he does not insist on the study of Macer and Lucretius: legendi quidem sed non ut φράσιν, id est corpus eloquentiae, faciant.—The true reading may perhaps be *ad faciendam etiam φράσιν.*

in universum: Tac. Germ. 6 in universum aestimanti: ib. 27 *in commune* opp. to *singuli.*

de varietate opinionum. In the third cent. B.C. the question of the superiority of the ancients over the moderns was discussed between the supporters and the opponents of Demetrius of Phalerum: in Cicero's day it had become confused with the quarrel between the true and the false Atticists (cp. Brut. § 283 sq.): Horace treated it in the first Epistle of the Second Book: in Quintilian's own time it was still discussed, as may be seen from this passage and from the Dialogus de Oratoribus.

§ 43. § **43. solos veteres.** Here again (see on § 40) *veteres* includes the writers of the Augustan age: cp. §§ 118, 122, 126: 2 § 17. Elsewhere (ii. 5, 21) Quintilian says that in the case of young people both extremes should be avoided.

recens haec lascivia deliciaeque: 'the voluptuous and affected style of our own day'—opp. to rectum dicendi genus, below. See on lascivus § 88. Seneca is probably aimed at here: cp. § 125 sq.

§ 44. § **44. rectum dicendi genus**: the true standard of style (cp. § 89), natural and unaffected, and imitating neither the rude archaism of the ancients nor the bad taste of the moderns. In ii. 5, 11 it is called sermo rectus ('straight,' i.e. direct and natural) et secundum naturam enuntiatus: and in ix. 3, 3 simplex rectumque loquendi genus: the style which aims above everything at the clear and effective expression of thought, apart from all ornament and trickery. Though termed here a *genus*, it is itself divided into three *genera*: (1) the simple, terse, concise (ἰσχνόν, tenue, subtile, pressum . . . quod minimum ab usu cotidiano recedit): (2) the grand, broad, lofty, stirring, passionate (ἁδρόν, uber, grande, amplum, elatum, concitatum): (3) the flowing, plastic, polished, smooth, melodious, intermediate (ἀνθηρόν, lene, nitidum, suave, compositum, medium).

The main features of each of the three styles may here be resumed. The 'grand' is distinguished by a careful avoidance of everything familiar and ordinary: it seeks to rise above the common idiom by a sustained dignity both of thought and language, and employs a profusion of ornament of every kind. The 'plain' style is marked by simplicity and clearness: it may employ the aid of art, but it is an art that conceals itself in the avoidance of everything unfamiliar and in the artistic use of the language of ordinary life. The 'middle' style has more charm than force: while not distinguished for the excellencies of the other species it has a grace and sweetness of its own, whence its alternative designation *floridum* (ἀνθηρόν). The 'plain' style is especially adapted for teaching and explaining: the 'grand' for moving the feelings; while of the 'middle' Quintilian says 'ea fere ratio est ut . . . delectandi sive conciliandi praestare videatur officium': see xii. 10, 58.

pressa . . . et tenuia, &c., i. e. the *subtile genus*, or 'plain style.' *Pressus* is used in Quintilian both of a writer and of his style: it means 'concise' (premo), 'terse,' '"pruned of all rankness, concise, quiet, moderate, self-controlled; opposed to extravagance, heat, turgidity, redundance"' (Mayor): cp. premere tumentia 4 § 1. The juxtaposition of *tenuis* here shows that 'plain straightforwardness' is the quality referred to. To writers *pressus* is applied §§ 46, 102: 2 § 16: cp. Brut. § 51 parum pressi et nimis redundantes: Tac. Dial. 18 inflatus et tumens nec satis pressus sed supra modum exultans.

demum, 3 § 13: 6 § 5: = 'only,' for *tantum*, *dumtaxat*, with no indication of time. It is, of course, frequent in Latin of every period with pronouns, to give emphasis, like *adeo*: ei demum oratori Cic. de Or. ii. § 131.

tenuia: § 64: 2 § 19. The Greek equivalents are ἰσχνός, λιτός, ἀφελής. Cp. Or. § 20. So Hor. Od. ii. 16, 38: spiritum Graiae tenuem Camenae.

atque. For the interesting proof by which Becher has established this reading, see pp. 194–5 of the larger edition.

sana et vere Attica. Those who take this view interpret the term 'Attic' too narrowly: it comprehends the best examples of all three *genera*. Quintilian protests against this misrepresentation in xii. 10, 21 sq. The discussion of the true and the false Atticism holds a place also in the Brutus of Cicero: see esp. § 201 sq. and §§ 283–292, the criticism of Calvus and his school. Tac. Dial. 25.

elatior ingenii vis, as in the *grave genus*, or 'grand style': Cic. Orat. §§ 97–99. For the comparative cp. *tersior* § 94.

et magis concitata. Frequently in Quintilian a comparative is followed by the positive with *magis*: cp. §§ 74, 77, 88, 94, 120. For *concitata* cp. §§ 73, 90, 114, 118: 2 § 23.

plena spiritus: see on § 27: cp. §§ 16, 61, 104: 3 § 22.

lenis et nitidi et compositi generis, i. e. the 'middle' style: see above. The constant antithesis of such words as *vehemens*, *acer*, &c. makes it probable that *lenis* is the right reading here, not *levis*: cp. esp. Cic. de Or. ii. § 211 where lenis atque summissa (oratio) is opposed to intenta ac vehemens.—On the other hand *levis* (λεῖος) is sometimes opposed to *asper*: cp. § 52 levitas verborum.

nitidi: see on § 9.

compositi: see on § 79 compositione. It means 'harmonious,' 'rhythmical,' referring to the careful arrangement of words, §§ 52, 66: 2 § 1. This is a special feature of the 'middle' style.

de genere dicendi: see xii. 10, §§ 63–70, where he teaches that every variety of style in oratory has its place and use.

confirmare facultatem dicendi: i. e. acquire the *firma facilitas* of § 1.

§ 45. **§ 45. paucos enim** explains *summatim*, 'for *only* a few.' See Mayor on Iuv. x. 2: and cp. §§ 3, 8, 27, 31, 35, 42, 67, 87 for a similar limitation.

studiosis, used absolutely (cp. studendum 3 § 29), of students of literature, or (most commonly) of students of rhetoric. So (with *iuvenis*) 3 § 32.

ne quisquam queratur: i. e. quod commemoro propterea, ne... 'I say this, lest,' &c.

genera ipsa: here and in § 104 *genera* = classes or kinds, as represented by their characteristic or typical writers.—*Ipsum* in the sense of 'merely' is common enough in Cicero: cp. de Or. ii. §§ 109, 219, 306 and elsewhere.

lectionum: 'what is to be read.' The plural occurs only here in Quintilian: elsewhere the word is singular, with an abstract meaning: but cp. § 19.

§ 46. **§ 46. ab Iove incipiendum.** Phaenom. 1 *ἐκ Διὸς ἀρχώμεσθα*. So Theocr. 17, 1 *Ἐκ Διὸς ἀρχώμεσθα καὶ ἐς Δία λήγετε Μοῖσαι*—imitated by Vergil, Ecl. iii. 60 Ab Iove principium musae.—For Aratus see on § 55.

rite. Cp. auspicatissimum exordium § 85.

coepturi . . . videmur: sc. nobis: cp. § 56: Cic. de Off. i. §§ 1, 2: ii. § 5.—Other instances occur in Quintilian of the use of the participle instead of the fut. inf.

ex Oceano. Il. xxi. 195–197 *Ὠκεανοῖο Ἐξ οὗπερ πάντες ποταμοὶ καὶ πᾶσα θάλασσα Καὶ πᾶσαι κρῆναι καὶ φρείατα μακρὰ νάουσιν.* Cp. Ovid, Amor. iii. 9, 25 Aspice Maeoniden, a quo, ceu fonte perenni, Vatum Pieriis ora rigantur aquis.

omnium fluminum fontiumque. This is the reading now generally accepted. Cp. fluvii fontesque, Lucr. v. 945: also § 78 below.

omnibus eloquentiae partibus. Cp. the references to Homer in the various departments of literature dealt with by Quintilian: §§ 62, 65, 81, 85, 86. Homer's influence on all later culture is a common-place in ancient writers. Specially in regard to oratory, the speeches of Menelaus, Nestor, and Ulysses were taken as types of three styles of rhetoric. The eulogy here pronounced on him is systematically arranged with reference to the essential elements of practical oratory. After alluding to (1) the three kinds of oratory (see notes on § 44) in the terms *sublimitas, proprietas, pressus, laetus* (§ 49), he passes (2) to the two classes of practical speeches, judicial and deliberative (*litium ac consiliorum*) (§ 47): and then refers to (3) the mastery of the emotions (*adfectus*) (§ 48): (4) the constituent parts of a regular forensic speech—(*prooemium, genera probandi ac refutandi, epilogus*) (§§ 48, 49, 50): (5) well-chosen terms, well-put thoughts, lively figures, and everywhere clear arrangement (*dispositio*) (§ 50).

sublimitate: § 27.

proprietate. Here this word furnishes a sort of antithesis to *sublimitas*, and means 'suitability,' 'simplicity,' 'naturalness.' In the same sense § 64 sermone proprio, of an easy and unaffected style. Cp. § 6: § 29: 5 § 8.

superaverit. For this subj. of modified assertion cp. on *fuerit* § 37.

laetus, 'flowery,' i. e. rich, ornate, exuberant. Cp. 2 § 16. This use is akin to that by which the word is employed as a metaphor to denote richness of vegetation: Verg. Georg. i. 1 and 74 (cp. note on 5 § 14): and also of the sleek condition of well-fed cattle: Aen. iii. 220.

pressus, pruned, trimmed down, 'chaste,' 'concise': see on § 44.

iucundus et gravis, 'sprightly and serious.' So § 119 iucundus et delectationi natus: and iucunditas §§ 64, 82: 2 § 23.

tum . . . tum, 'alike . . . and': in Cicero properly 'sometimes . . . at other times.' See Wilkins on Cic. de Or. iii. § 206.

§ **47. Nam ut,** &c. This sentence contains the proof of Homer's *oratoria virtus*: he furnishes models of the three recognised styles of rhetoric, (1) genus demonstrativum (ἐπιδεικτικόν) or *laudativum*: (2) genus deliberativum sive suasorium (συμβουλευτικόν): and (3) genus iudiciale (δικανικόν). § 47.

In the words **ut . . . taceam,** Quintilian passes lightly over the main features of the γένος ἐπιδεικτικόν (set speeches aiming at display) in order to dwell more specially on the appropriateness of the study of Homer with reference to forensic and legislative debates (litium ac consiliorum).

laudibus. These belong distinctly to the epideictic branch: Tac. Dial. 31 in laudationibus de honestate disserimus. So ἔπαινοι and ἐγκώμια.

exhortationibus might in itself (like *consolationibus*) be used of the *genus deliberativum*, which included the *suasoriae* (Tac. Dial. 35)—'consilium dedimus Sullae privatus ut altum dormiret' Iuv. i. 16: and in order to find a reference in each of the three items enumerated to the three kinds of rhetoric, it has been proposed to read *consultationibus* for *consolationibus* (cp. controversiae Tac. Dial. 35), so that *laudibus* should = laudativum genus, *exhortationibus* = deliberativum, and *consultationibus* = iudiciale. But this is a misunderstanding of Quintilian's meaning. *Exhortatio* and *consolatio* may easily enter into a λόγος ἐπιδεικτικός, a speech written for display and not for delivery in public.

legatio of Odysseus, Aias, and Phoenix: **contentio** between Achilles and Agamemnon: **dictae . . . sententiae**: the council of war (Agamemnon, Ulysses, Nestor, Thersites) Il. ii. 40–394.

litium ac consiliorum. These words contain a distinct reference to the *genus iudiciale* and the *genus deliberativum*, respectively,—to the exclusion of the *genus demonstrativum*, i. e. the 'epideictic' or non-practical kind of speeches. Cp. 'suasoriae et controversiae' Tac. Dial. 35: Cic. de Orat. 1 § 22.

artes: the 'rules of art,' or technical precepts of the rhetoricians. See on § 15.

§ 48. § **48. Adfectus quidem, &c.** So Dionysius, after showing that Homer is admirable in every respect, goes on to say that he is a master in particular of the ἤθη and πάθη, of μέγεθος (rerum magnitudine § 48) and of οἰκονομία (in dispositione totius operis § 50). Cp. vi. 2 §§ 8–10: esp. adfectus igitur concitatos πάθος, mites atque compositos ἦθος esse dixerunt: and §§ 73 and 101 below. *Illos . . . hos* indicates what was a well-known antithesis. The former (ἤθη) were habitual and characteristic conditions of individual minds: the latter (πάθη) for the most part occasional and more moving.

tam . . . qui: see on § 41.

auctorem: 'master,' 'teacher.' Cp. on § 24.

Age vero: 'and further,' a formula of transition generally leading to something more important. Here it introduces the five constituent parts of an oration, exordium (προοίμιον), narratio, probatio refutatio (διήγησις, πίστις or ἀπόδειξις or κατασκευή, λύσις or ἀνασκευή § 49), peroratio (ἐπίλογος).

ingressu: for the abl. without *in* cp. iv. 1, 34 operum suorum principiis, also iv. pr. 4 initiis operum suorum.—The MSS. give *operis si ingressus*. The true reading may perhaps be 'Age vero *viam* utriusque operis ingressus': cp. ingressust viam Plaut. Amphitr. 275, and Quint. ii. 10, 1 quarum (materiarum) antequam viam ingredior.

non dico . . . sed. So 7 § 2.

benevolum . . . intentum . . . docilem. The orator's first task is to gain the good-will of his hearers, and to secure their attention: cp. iv. 1, 5.

invocatione dearum. Μῆνιν ἄειδε, θεά, and Ἄνδρα μοι ἔννεπε, Μοῦσα.

vatibus: 'bards.' Verg. Eclog. ix. 32 me fecere poetam Pierides . . me quoque dicunt vatem pastores. *Poeta* had not the same solemn associations as *vates*. Tac. Dial. 9.

creditum est: as at 4 § 1. The perfect is continuous = νενόμισται. The personal construction occurs at § 125.

intentum . . . magnitudine. Cic. de Inv. i. § 23 attentos autem faciemus si demonstrabimus ea quae dicturi erimus magna nova incredibilia esse.

docilem: 'receptive'; iv. 1, 34: ad Herenn. i. § 7 dociles auditores habere poterimus, si summam causae breviter exponemus.

comprehensa: Lucr. vi. 1083 sed breviter paucis praestat comprendere multa: Cic. de Or. i. § 34. Here *celeriter* almost = breviter.

§ 49. qui . . . nuntiat: Antilochus, Il. xviii. 18. His κεῖται Πάτροκλος seems to have become proverbial: Pliny, Ep. iv. 11, 12. § 49.

significantius: 'more graphically' or 'with more force of expression.' Cp. significantia § 121.

qui . . . exponit, Phoenix, in Il. ix. 529 sqq.

iam, transitional particle, as often in Cicero: §§ 98, 111.

similitudines. v. 11, 1 tertium genus ex iis quae extrinsecus adducuntur in causam Graeci vocant παράδειγμα, quo nomine et generaliter usi sunt in omni similium adpositione et specialiter in iis quae rerum gestarum auctoritate nituntur. Nostri fere *similitudinem* vocare maluerunt quod ab illis παραβολή dicitur, hoc alterum *exemplum*. Cp. similitudo et exemplum, Cic. de Or. iii. § 205.

amplificationes = the various rhetorical means of expanding and developing an idea in expression. Cp. αὐξήσεις: Cic. Or. § 125.

exempla: v. 11, 6 exemplum, id est rei gestae aut ut gestae utilis ad persuadendum id quod intenderis commemoratio. The stock illustration is that given in Aristotle's Rhetoric: 'if a man has asked for a bodyguard, and the speaker wishes to show that the aim is a tyranny, he may quote the 'instances' (παραδείγματα) of Dionysius and Pisistratus.'

digressus, 'episodes': cp. on § 33.

signa rerum et argumenta: the 'evidence of material facts' and 'inferences.' In the former we have sensible proof of things (e. g. cruenta vestis, clamor, livor, &c. v. 9, 1); in the latter logical deductions from circumstantial facts, v. 10, 11. For *argumenta* see v. 10, 1: ib. §§ 10–12.

ceteraque genera. The MSS. give *ceteraque quae.*

probandi. After *narratio* comes *probatio* or *confirmatio* (see on 5 § 12). Cp. iv. 2, 79.

refutandi. Cp. note on *destructio* 5 § 12. Cicero often uses *refellere* in the same sense.

artibus, the 'principles of rhetoric': §§ 15 and 47.

testimonia, 'illustrations,' confirmatory examples.

§ 50. § 50. **nam.** See on § 12: cp. §§ 9, 50.

epilogus = peroratio: see note on § 107. The advocate will find many pathetic and moving passages in Homer such as will be serviceable for his closing appeal, which is generally addressed to the feelings and hearts of his hearers.—For Priam's entreaty see Il. xxiv. 486 sqq.

sententiis = γνώμαις §§ 52, 60, 68, 90, 102, 129, 130: 2 § 17: 5 § 4. See viii. 5, 1 sq.

figurae is Quintilian's favourite word for rendering σχήματα. He uses it in more than a hundred places (1, 8, 16 schemata utraque, id est figuras, quaeque λέξεως quaeque διανοίας vocantur): and it is to this use of the word by him and by the later rhetoricians that we owe the modern term 'figure.' Cicero has no fixed equivalent for σχήματα: he uses *formae, conformationes, lumina, gestus, figurae,*—often with the Greek word added.

dispositione = οἰκονομία, see on *adfectus* § 48. Cp. 5 § 14.

ut magni sit: sc. *ingenii.* Others supply *viri*, which is actually given in many of the later MSS.: while others again take *magni* as a gen. of price 'of great value,' or 'worth much.' Standing alone, like *res magni est*, the phrase might mean it 'takes a good deal' even to appreciate Homer's excellences. Kiderlin supposes that *spiritus* has fallen out, and compares i. 9, 6.—If *viri* is right the sentiment would be parallel to § 112 ille se profecisse sciat cui Cicero valde placebit.

§ 51. § 51. **Sine dubio.** This may possibly be an instance of the peculiarity noted by Spalding on i. 6, 12, where he points out that Quintilian frequently makes *sine dubio* stand for *quidem*, in clauses where the idea is thus made of less account than some other statement immediately following, and introduced by *tamen* or *sed* (as i. 6, 12 and 14). Examples are v. 7, 28 *sine dubio . . . tamen*: v. 10, 53 and viii. 3, 67 *sine dubio . . . sed.* Applying this to the text we might bring out the construction by rendering, 'But while of course (or 'to be sure') Homer has out-distanced all rivals, in every kind of eloquence, it is the epic poets whom he leaves further behind.' Cp. on 3 § 15.

clarissima comparatio: 'the contrast is most striking.'

§ 52. **adsurgit**: cp. insurgit § 96: 2 § 23. If Hesiod 'seldom soars' it is because in him epic poetry has descended to the sphere of common life. **§ 52.**

pars eius: metonymy for *pars carminum eius*: cp. on § 31 poetis.—Some would read *operis eius*: cp. §§ 35 and 63.

in nominibus: specially in the Theogony: e. g. 226 sqq., 337 sqq.

circa: 'in regard to': 2 § 14: 5 §§ 5, 6. Such uses of *circa* (like περί, ἀμφί, c. acc.) are very frequent in Quintilian and later writers. Cp. 7 § 16 below.

praecepta. The reference is to Hesiod's proverbial philosophy: 'maxims of moral wisdom.'

sententiae: § 50. Cp. Cic. Fam. vi. 18, 5 Lepta suavissimus ediscat Hesiodum et habeat in ore τῆς δ' ἀρετῆς ἱδρῶτα et cetera.

levitas verborum et compositionis. Here Quintilian is again in exact agreement with Dionysius, 'Ἡσίοδος μὲν γὰρ ἐφρόντισεν ἡδονῆς καὶ ὀνομάτων λειότητος καὶ συνθέσεως ἐμμελοῦς. It is also to be noted that Dionysius names Hesiod, Antimachus, and Panyasis after Homer.—For *compositio* (the combination of words) see on § 79: and cp. §§ 44, 66, 118: 2 § 13: 3 § 9: ad Herenn. iv. § 18 compositio est verborum constructio quae facit omnes partes orationis aequabiliter perpolitas.

medio genere. See on § 44. So Dionysius, ἐποποιῶν μὲν οὖν ἔγωγε μάλιστα νομίζω τουτονὶ τὸν χαρακτῆρα (sc. τὸν ἀνθηρόν or *medium*) ἐπεξεργάσασθαι Ἡσίοδον.—From the point of view of oratory, the *medium genus* was the Rhodian school which stood between the *genus Atticum* and *Asianum*.

§ 53. **Antimachus** of Colophon flourished about B.C. 405. He wrote a Thebaid, an epic narrative of the wars of the Seven against Thebes and of the Epigoni: Cic. Brut. § 191. Cp. Dionysius, 'Ἀντίμαχος δ' εὐτονίας (ἐφρόντισεν) καὶ ἀγωνιστικῆς τραχύτητος καὶ τοῦ συνήθους τῆς ἐξαλλαγῆς. **§ 53.**

secundas: sc. partes, after Homer: § 58. The phrase is probably borrowed from the theatre: primas agere Brut. § 308: Hor. Sat. i. 9, 46. On the other hand primas ferre (Brut. § 183) suggests *πρωτεῖα φέρεσθαι*: Tac. Ann. xiv. 21.

grammaticorum consensus. For this sense of *grammatici* ('literary critics,' 'professors of literature' Hor. A. P. 78), cp. ii. 1, 4. —The phrase is one more indication of the second-hand character of Quintilian's criticism of Greek authors: cp. § 27 where he specially refers to Theophrastus: § 52 datur ei palma: § 54 putant: § 58 princeps habetur and confessione plurimorum: § 59 Aristarchi iudicio: § 72 consensu omnium: § 73 nemo dubitat. No doubt Quintilian and Dionysius were both indebted to the lists of the Alexandrian bibliographers.

adfectibus . . . deficitur: 'he fails in pathos': § 48.

iucunditate: see on § 46.

dispositione: § 50. Catull. 95, 10 At populus tumido gaudeat Antimacho.

arte: 'poetical skill.'

plane is not found so frequently in conjunction with other adverbs in classical Latin as with verbs and adjectives.

proximum is generally taken as meaning 'very near,' while *secundus* only = *prior tertio et reliquis.* Cp. § 86. But the well-known passage in Horace (Car. i. 12, 18) suggests that Quintilian may mean 'what a difference there is between a bad second (*proximum*) and a good one (*secundum*),'—between being second and coming near the first.

§ 54. § 54. **Panyasin.** Panyasis of Halicarnassus, the uncle of Herodotus, wrote a 'Heracleia' in fourteen books and six books of 'Ionica,'—elegiac poems on the Ionic migration. He flourished circ. B.C. 480.

ex utroque mixtum. Dionysius, *Πανύασις δὲ τάς τ' ἀμφοῖν ἀρετὰς ἠνέγκατο καὶ αὐτῶν* (*εἰσηνέγκατο καὶ αὐτός*—Usener) *πραγματείᾳ* (materia) *καὶ τῇ κατ' αὐτὸν* (*αὐτὴν* ?) *οἰκονομίᾳ διήνεγκεν.*

putant: i. e. *grammatici*, probably Aristarchus and Aristophanes.

alterum . . . materia: Hesiod, the 'singer of Helots.'

Apollonius, surnamed Rhodius, because he was honoured with the freedom of the city of Rhodes, after having retired thither from Alexandria. He flourished circ. 220 B.C. His *Argonautica* was rendered into Latin by Atacinus Varro (§ 87) and imitated by Valerius Flaccus (§ 90).

ordinem a grammaticis datum. The lists of approved authors drawn up by the critics of Alexandria constituted what they called *κανόνες* (*indices*, here called *ordo*). Cp. venire, redigi, recipi in ordinem *or* numerum.

Aristarchus, of Samothrace, lived and taught at Alexandria about the middle of the second cent. B. C. His name is inseparably associated with the text of the Homeric poems.

Aristophanes, of Byzantium, was librarian at Alexandria before Aristarchus, having succeeded Apollonius Rhodius. He died about 180 B. C. He revised the text of Homer, and also left critical and exegetical commentaries on the lyric and dramatic poets.

poetarum iudices. This looks like a gloss, and is rejected by some editors.

in numerum redegerunt: cp. above on *ordinem*. The phrase represents the Greek *ἐγκρίνειν*. With the exception of the official eulogy of Domitian (§ 91), Quintilian followed this rule himself.

reddidit. This use of *reddo* must be explained by the analogy of the use in which land is said to 'produce' the expected crop.—Many MSS. give *edidit*.

aequali quadam mediocritate. Apollonius keeps pretty uniformly to the *genus medium* (see on § 44), neither rising on the one hand to the *genus grande* nor on the other descending to the *genus subtile*. So in the *περὶ ὕψους* 33 § 4 he receives the epithet *ἄπτωτος*.

§ **55. Arati.** His *Φαινόμενα καὶ Διοσημεῖα*, a didactic epic on the § **55.**
heavenly bodies and meteorology, was translated into Latin verse by Cicero and afterwards by Germanicus. He flourished circ. B.C. 270.

ut in qua. Ten additional examples of this construction are found in Quint.: cf. *ut qui* §§ 57 and 74: *ut quorum* 2 § 13. For *ut cum* see on § 76. It is incorrect to say that the usage does not occur in Cicero.

Theocritus lived at Syracuse (probably his native place) under Hiero, and spent some time also at the court of Ptolemy Philadelphus. He is the type of real, as opposed to artificial, pastoral poetry.

§ **56. videor**: § 46. Hor. Car. iii. 4, 6 audire magnos iam § **56.**
videor duces. So often *videre videor*: e. g. Cic. in Catil. iv. § 11.

congerentes: participle without subject: cp. solitos § 7.

non: 2 § 25.

Pisandros, of Cameirus in Rhodes, fl. circ. B. C. 645. He wrote a poem called *Heracleia*, an epic narrative of the deeds of Hercules.

Nicandrum, of Colophon, He lived in the middle of the second century B. C. at the court of Attalus III, king of Pergamus. His didactic poem on the bites of venomous animals (*Θηριακὰ καὶ Ἀλεξιφάρμακα*) is still extant. He also wrote five books of *ἑτεροιούμενα*, on which Ovid drew for his Metamorphoses.

frustra = temere, 'without good reason' (sine iusta causa): cp. *frustra . . . subiungit* below.

Macer: § 87. Aemilius Macer of Verona, the friend and contemporary of Vergil and Ovid (Trist. iv. 10, 43–4), wrote the 'Ornithogonia' ('bird-breeding') and the 'Theriaca,' neither of which is extant.

Vergilius. Vergil seems to have used Nicander's work on bees (*μελισσουργικά*) and also the *θηριακά* above mentioned (Georg. iii. 415, 425).

Euphorionem, of Chalcis in Euboea, fl. circ. B. C. 220. Among other works he wrote a Georgica, or poem on agriculture.

in Bucolicis. Cp. Verg. Ecl. x. 50, where the speaker is the elegiac poet Cornelius Gallus (§ 93 note) who had introduced Euphorion to general notice by translating some of his poems.

Tyrtaeum. Tyrtaeus flourished at the time of the second Messenian War (in the seventh century B. C.), in which he is said to have contributed to the success of the Spartan arms by his inspiring battle-songs. The reference to Horace is A. P. 401.

§ 57. § 57. **tam . . . ut non**: cp. § 41 and § 48 above.

indicem, 'a catalogue.' Any one can at least (if he does not know anything more about them) make out a list of such poets in some library, and note the titles of their works in his compilation.

nec utique, 'not necessarily': xii. 2, 18. See on § 20: cp. § 24.

ut qui dixerim: see on § 55.

§ 58. § 58. **perfectis constitutisque viribus**, i. e. by the reading of the epic poets who are most suited to our purpose: § 59 optimis adsuescendum est, &c. So § 131 (of Seneca) iam robustis et severiore genere satis firmatis legendus: 5 § 1 iam robustorum.

revertemur: future used as a mild imperative. Cp. 7 § 1.

quod . . . ut. The dependent clause here gives the explanation of *quod facimus* in the form of a result, so that the construction is really pleonastic: cp. 5 § 18: 7 § 11. In 3 § 6 (where see note) *ut* may have more of the idea of purpose.

tunc: when our taste is formed.

elegeam. For the form see § 93. In A. P. 77 Horace characterises the elegy as *exiguus*, i. e. it is slighter and less dignified than the epic hexameter.

vacabit. This impersonal use (cp. § 90) does not occur in Cicero.

Callimachus, of Cyrene, was the second director of the library at Alexandria (§ 54): he flourished in the middle of the 3rd century. Catullus, Propertius and Ovid all imitated his elegies.

secundas, § 53.

Philetas, of Cos, instructor of Ptolemy Philadelphus, about 290 B.C. Like Callimachus, he was a literary critic as well as a poet.

occupavit: Hor. Car. i. 12, 19 proximos illi tamen occupavit Pallas honores.

§ **59. adsequimur**, a present of endeavour: cp. § 31. This **§ 59.**
gives a good contrast to *iam perfectis constitutisque viribus* and *tunc*, so that there is no need for Halm's conjecture *adsequamur*.

ut dixi: see on § 1.

multa . . . multorum: Plin. Ep. vii. 9 § 15 multum legendum esse, non multa.

ducendus color: Verg. Ecl. ix. 49 (astrum) quo duceret apricis in collibus uva colorem. *Ducere* expresses the gradual process of 'taking on' a tinge; the agent in this process is here *lectio*, as in Vergil it is the constellation. *Color* is here the 'appropriate tone' which will vary with the subject or the occasion: cp. Cic. Or. § 42 educata huius (Isocratis) nutrimentis eloquentia ipsa se postea colorat ('gathers strength and colour'): de Or. ii. 60. Cp. on § 116: 6 § 5: 7 § 7.

ex tribus receptis: sc. in ordinem sive numerum: cp. § 54. The other two are Simonides of Amorgos and Hipponax of Ephesus.

Aristarchi iudicio: § 52.

scriptoribus iamborum: see on § 9. The word ἴαμβος is derived from ἰάπτω, 'I fling,' and denoted originally a 'flinging,' or a verse 'flung at' a person: hence ἰαμβίζειν, 'to lampoon.'

ἕξιν: see on § 1.

maxime unus. *Unus* is very commonly used in this way to strengthen a superlative: Cic. in Verr. 1 § 1 quod unum ad invidiam vestri ordinis . . . sedandam maxime pertinebat. Here it may merely be set over against *tribus*: cp. pro Sest. § 49 unus bis rempublicam servavi.

Archilochus, of Paros (circ. 686 B.C.), the sting of whose satire is said to have driven people into hanging themselves. Hor. A. P. 79 Archilochum proprio rabies armavit iambo.

§ **60. vibrantes**, of the quivering motion of a spear (cp. 'shafts' **§ 60.**
of eloquence) thrown from a stout arm. Cic. Brut. § 326 oratio incitata et vibrans. Cp. note on 7 § 7 below.

sanguinis atque nervorum. The former (cp. 2 § 12) refers to the quality of 'fulness' or 'richness' of thought and style, the latter (often *lacerti*) to 'force': sanguinis et virium 2 § 12. Cp. tori and caro § 33 (note) and § 77. ***Nervi*** (νεῦρα) = sinews or tendons: not till the time of Galen was the word limited to our sense of 'nerves.'

quibusdam: cp. § 64 quidam: § 93 quosdam: § 113 quibusdam.

quod quoquam minor est. This clause is the subject of *videatur*. The fact that Archilochus with such high qualities comes behind any (if that is the case) is to be attributed to his *materia* not to his *ingenium*. For *quod* without *id* cp. 4 § 4.

materia, 'subject-matter,' which was mainly personal character and conduct in common life. Pind. Pyth. ii. 55 ψογερὸν Ἀρχίλοχον βαρυλόγοις ἔχθεσιν πιαινόμενον. Cp. Hor. Ep. i. 19, 23 and 28.

§ 61. **§ 61. novem . . . lyricorum.** Of the nine lyric poets received into the 'canon' those not mentioned here are Alcman, Sappho, Ibycus, Anacreon, and Bacchylides. The four whom Quintilian names are the same as those criticised by Dionysius, except that in the latter Simonides comes next after Pindar.

Pindarus (521–441 B.C.) had the disadvantage of belonging to the Medising city of Thebes, but spoke fearlessly out (after Salamis) for the liberators of Greece; and both in the instinct for a national unity to which his poems bear witness, and in his ethical and religious beliefs, he is eminently representative of his age.

princeps, &c. Here Quintilian again coincides with Dionysius, Ζηλωτὸς δὲ καὶ Πίνδαρος ὀνομάτων καὶ νοημάτων εἵνεκα, καὶ μεγαλοπρεπείας καὶ τόνου, καὶ περιουσίας . . . καὶ σεμνότητος καὶ γνωμολογίας καὶ ἐνεργείας καὶ σχηματισμῶν.

spiritu: see on § 27. The strongest argument for the ablative is that the nouns go together in pairs: some of the best MSS., however, give *spiritus*.

magnificentia, μεγαλοπρέπεια. This is Pindar's distinctive quality: he is φιλάγλαος, 'splendour-loving.' Cp. magnificus § 63: § 84.

sententiis: see on § 50.

figuris: see on § 50.

beatissima = fecundissima, uberrima: § 109: 3 § 22. Cp. Tac. Dial. 9: Hist. iii. 66. This adj. is not used of things by Cicero.

propter quae: see on § 10 propter quod.

Horatius: Car. iv. 2, 1 Pindarum quisquis studet aemulari, &c.

§ 62. **§ 62. Stesichorus** of Himera in Sicily (circ. 632–553 B.C.) is, like Simonides and Pindar, a representative of the Dorian or choral lyric poetry of Greece. By Alexander the Great, Homer and Stesichorus were classed together as the two poets worthy to be studied by kings and conquerors. Cp. Dionysius, *τῇ μεγαλοπρεπείᾳ τῶν κατὰ τὰς ὑποθέσεις πραγμάτων, ἐν οἷς τὰ ἤθη καὶ τὰ ἀξιώματα τῶν προσώπων τετήρηκεν.*

materiae. The titles of his poems show that Stesichorus made extensive use of the old epic legends, which would naturally fall more or less into a narrative form.

si tenuisset . . . videtur potuisse = potuit, ut videtur. Cp. on § 98. This use of the pf. indic. in such clauses indicates the possibility (or duty, obligation, &c.) more unconditionally than the plpf. subj. would do.

aemulari, with dat. § 122.

§ **63.** **Alcaeus**, of Mitylene, circ. 600 B.C. The criticism of § **63.**
Dionysius is as follows:—*Ἀλκαίου δὲ σκόπει τὸ μεγαλοφυὲς καὶ βραχὺ καὶ ἡδὺ μετὰ δεινότητος . . . καὶ πρὸ ἁπάντων τὸ τῶν πολιτικῶν πραγμάτων (ποιημάτων?) ἦθος. Πολλαχοῦ γοῦν τὸ μέτρον τις εἰ περιέλοι, ῥητορικὴν ἂν εὕροι πολιτείαν (ῥητορείαν . . . πολιτικήν* Usener).

in parte : see on § 9 in illis.

aureo plectro. 'Plectrum' is from *πλήσσω (πλῆκτρον)*, the 'striking thing.' Hor. Car. ii. 13 Et te sonantem plenius aureo Alcaee plectro dura navis, Dura fugae mala, dura belli.

tyrannos insectatus. These were Myrsilus and Pittacus, by the latter of whom Alcaeus was driven into banishment.

moribus : cp. *ἦθος* in the passage quoted from Dionysius. We are reminded of his saying *ἄνδρες γὰρ πόλιος πύργος ἀρεύιοι.*—For **confert** with dat. cp. § 27.

brevis . . . magnificus . . . oratori similis : cp. in regard to each of these points the criticism of Dionysius.

lusit. For *ludere*, 'to write sportively,' to 'trifle,' cp. Hor. Car. iv. 9, 9 nec si quid olim lusit Anacreon delevit aetas : i. 32, 2 : Verg. Georg. iv. 566 carmina qui lusi.

in amores descendit in his *ἐρωτικά* and *συμποτικά*. Cic. Tusc. Disp. iv. § 71 fortis vir in sua republica cognitus quae de iuvenum amore scribit Alcaeus! Hor. Car. i. 32, 3 sqq.

maioribus = rebus maioribus, 'loftier themes.' Cp. *subitis* 7 § 30.

§ **64.** **Simonides**, of Ceos (556–468), was a sort of cosmopolitan § **64.**
poet, living by turns in Athens, at the court of the Aleuadae and Scopadae in Thessaly, Corinth, Sparta and Sicily. He was famed for his elegies, epigrams, epinician odes, and every form of choral

lyric poetry.—The criticism of Dionysius corresponds: Σιμωνίδου δὲ παρατήρει τὴν ἐκλογὴν τῶν ὀνομάτων (sermone proprio), τῆς συνθέσεως τὴν ἀκρίβειαν· πρὸς τούτοις, καθ' ὃ βελτίων εὑρίσκεται καὶ Πινδάρου, τὸ οἰκτίζεσθαι μὴ μεγαλοπρεπῶς, ἀλλὰ παθητικῶς.

tenuis, 'simple,' 'natural': cp. 2 § 19 and § 23 (tenuitas), also μὴ μεγαλοπρεπῶς quoted above. Λεπτότης ('terse simplicity') was a quality of Simonides's style, especially in his epigrams. Cp. § 44, note. Opposites are *grandis*, *copiosus*, *plenus*.

alioqui = τὰ μὲν ἄλλα, 'for the rest': cp. ceterum. See on 3 § 13.

sermone proprio: see on § 46.

iucunditate: see on iucundus § 46, and cp. §§ 82, 96, 101, 110, 113: 2 § 23.

miseratione. He was a master of pathos, especially in his θρῆνοι; witness his 'Lament of Danae,' truly a 'precious tender-hearted scroll of pure Simonides.' Generally his poems seem to have been tinged with the same melancholy resignation as inspired the earlier writers of elegy. Catull. 38, 7: Hor. Car. ii. 1, 37.

quidam: see on putant § 54.

in hac parte, 'in this respect.' So ab (ex) hac parte.

operis = *generis*, 'class of poetry.' See on § 9: cp. §§ 28, 85.

auctoribus, § 24.

§ 65. **§ 65.** Quintilian now proceeds to deal with the Comic and Tragic Drama. In the περὶ μιμήσεως of Dionysius there is nothing about the old Comedy, and very little that corresponds with Quintilian in the sections on Aeschylus, Sophocles, and Euripides. Both, however, pass from Euripides to Menander.

Like all writers before the time of Hadrian (Kock, Com. Fragm. ii. pp. 11–12), Quintilian omits all mention of what is termed Middle Comedy. Between the Old and the New, Tragedy is made to find a place (§§ 66–67)), the plays of Euripides affording a transition to those of Menander.

antiqua comoedia: cp. veteris comoediae §§ 9 and 82. See Hor. Sat. i. 4, 2: 10, 17.

sinceram . . . gratiam: § 44 sana et vere Attica: § 100 illam solis concessam Atticis venerem: § 107 illa quae Attici mirantur.

libertatis = παρρησίας §§ 94, 104. Hor. Sat. i. 4, 5 multa cum libertate notabant: A. P. 281–284.—The reading *est et in* is uncertain: the MSS. give *etsi est*.

grandis = ὑψηλός, § 77: 2 § 16 (where it is opposed to *tumidus*). Hor. A. P. 93–4.

elegans: §§ 78, 87, 93, 99: 2 § 19, 'choice,' 'tasteful.'

nescio an ulla, sc. poesis, cp. *poeticam* § 28. The MSS. have *illa* for *ulla*, and hence Kiderlin conjectured *an illa poeta ullo post* etc. Quintilian's use of *nescio an* (like that of post-Augustan writers generally) is vague: it is usually an expression of doubt, the *an* meaning either 'whether' or 'whether not,' indifferently.

ut Achillen: Il. ii. 673–4 Νιρεύς, ὃς κάλλιστος ἀνὴρ ὑπὸ Ἴλιον ἦλθε Τῶν ἄλλων Δαναῶν μετ' ἀμύμονα Πηλεΐωνα: ib. 768. Alcaeus fr. 63 Κρονίδα βασιλῆας γένος Αἴαν, τὸν ἄριστον πεδ' Ἀχίλλεα.

similior oratoribus: § 63 plerumque oratori similis. The same description of the style of the Old Comedy (ῥητορικὴ ἔμμετρος) is given by the rhetoricians. Students of oratory went to the comic actors for *pronuntiatio* and *gestus*.

§ 66. **Aristophanes . . . Eupolis . . . Cratinus.** The same representatives of Old Comedy are named in Hor. Sat. i. 4, 1: cp. Persius i. 123. The chronological order would be, Cratinus (519–422), Aristophanes (448–380), Eupolis (439–circ. 407). In 424 B.C. Cratinus with his Πυτίνη ('Wine-flask') gained the victory over the *Clouds* of Aristophanes, while in the previous year Eupolis is said to have helped his greater rival in the composition of the *Knights*. Cratinus was the real originator of political comedy. **§ 66.**

primus. Just as in treating of Comedy Quintilian passes over the Megarian farces of Susarion, and such earlier writers as Chionides and Magnes, so now he omits all mention of Pratinas, Choerilus, Thespis, and Phrynichus. Aeschylus is however the real founder of tragedy: he introduced a second actor and subordinated the choral song to the dialogue, besides elaborating the machinery of the stage and the scenic decoration employed thereon. Cp. Hor. A. P. 275 sqq.

sublimis, &c. Cp. Dionysius Ὁ δ' οὖν Αἰσχύλος πρῶτος ὑψηλός τε καὶ τῆς μεγαλοπρεπείας ἐχόμενος, καὶ ἠθῶν καὶ παθῶν τὸ πρέπον εἰδώς, κ.τ.λ.

grandiloquus. Cp. Aristoph. Frogs 823 βρυχώμενος ἥσει ῥήματα γομφοπαγῆ: Hor. A. P. 280 et docuit magnumque loqui nitique cothurno.

rudis et incompositus, 'uncouth and inharmonious.' Cp. horride atque incomposite 2 § 17: and note on *compositus* § 44. For *rudis* cp. Hor. Sat. i. 10, 66 rudis et Graecis intacti carminis auctor: for *incompositus* Verg. Georg. i. 350 motus incompositos

in plerisque: neut. 'in general,' 'for the most part.'

propter quod = quam ob rem: 7 § 6: 5 § 23. See on § 10.

correctas . . . permiserunt. This passage seems inconsistent with our knowledge of the statute passed by the orator Lycurgus (born 396) enacting that official copies of the plays of the three great tragedians should be made, and that no new performance of them should be allowed without a comparison of the acting copy with the State MS. Perhaps Quintilian misunderstood the phrase *δράματα διεσκευασμένα*, commonly applied to plays revised by the author himself with a view to a second representation. Others think it quite probable that revised versions of plays of Aeschylus were allowed to be brought into competition by later poets, and reproduced not as *παλαιαί* but as new dramas.

§ 67. § 67. **longe**, with the comp.: cp. Verg. Aen. ix. 556. In Cicero *longe* is used only with the superl. (and with *alius*: pro Caec. 1 § 3); with the compar. he generally has *multo*. Quintilian has also *longe princeps* § 61: and *multo* with superl.

opus: sc. tragoedias in lucem proferendi. See on § 9.

in dispari dicendi via. By Dionysius Euripides is made the only representative of the 'smooth' style of composition (*γλαφυρὰ ἁρμονία*), while Sophocles represents the middle style (*κοινή* or *μέση ἁρμονία*). Aeschylus, on the other hand, is an example of *ἡ αὐστηρὰ ἁρμονία*.

quaeritur. Modern criticism has taken up the issue, and Euripides has suffered from being identified with what was practically a dramatic revolution.

utiliorem: so *magis accedit oratorio generi* immediately below.

§ 68. § 68. **gravitas . . . sublimior.** The use of the comparative takes away from the difficulty which commentators have found in the conjunction of *sublimior* as a predicate with *gravitas* and *cothurnus* as well as with *sonus*.—For *cothurnus* cp. Iuv. 6, 634.

sententiis densus: cp. *sent. creber* § 102: and for *densus* (=pressus) §§ 73, 76. Euripides had been a pupil of Anaxagoras.

sapientibus. In Euripides philosophy is brought on the stage, and different theories are put forward in his plays as to such questions as the moral government of the world, the opposition between freedom and authority, the nature of punishment, the question of a future life, &c.

dicendo ac respondendo. In his plays the characters indulge to the full all the tendencies that were fostered by the sophistic habit of debate, while the chorus is as it were the jury to which they address their arguments for and against a particular proposition. Cp. Dionysius *πολὺς ἐν ταῖς ῥητορικαῖς εἰσαγωγαῖς*.

adfectibus . . . miseratione. Arist. Poet. 13 *τραγικώτατός γε τῶν ποιητῶν φαίνεται*.

facile. So *facile princeps* Cic. ad Fam. vi. 10, 2: *facile primus* pro Rosc. Amer. § 15. The reading is uncertain. Halm proposed to insert *est* after *densus* (to correspond with *et sermone . . . accedit*): an *est* is certainly wanted somewhere. The reading now adopted in the text, *praecipuus est hunc et* (Kiderlin), has the merit of being nearest the MSS.

§ 69. **testatur**: not in any extant fragment, though it is by no means improbable that in some of his numerous plays Menander expressed an admiration for the most popular tragedian of the day. **§ 69.**

Menander, 342–290. At his death the Athenians erected his tomb near the cenotaph of Euripides, in token of the affectionate regard in which he had held the elder poet.

omnem vitae imaginem. Menander was the 'mirror of life': cp. the exclamation of Aristophanes of Byzantium Ὦ Μένανδρε καὶ βίε, πότερος ἄρ' ὑμῶν πότερον ἐμιμήσατο;—For this use of *exprimere*, a figure from the plastic art, cp. Hor. A. P. 32–3.

§ 70. **nihil viderunt**: they have not 'lacked discrimination.' So, of political insight, Cic. pro Leg. Manil. § 64, and Phil. ii. § 39. **§ 70.**

Charisius, an Athenian orator, a contemporary of Demosthenes.

in opere suo: in his own department, i.e. as a writer of comedy. For *opus* see on § 9: cp. § 67.

nisi forte, ironical: see on 5 § 6: cp. 2 § 8. The formula introduces 'a case which is in fact inadmissible, but is intended to suggest to another person that he cannot differ from our opinion, without admitting as true a thing which is improbable and absurd,' Zumpt § 526.

iudicia . . . meditationes: 'judicial pleadings' (speeches suitable to be made before a court), and 'extra-judicial pleadings' (law-school speeches, *declamationes*, μελέται). Cp. iv. 2, 29 cum sit declamatio forensium actionum meditatio: 5 § 14.—The names are those of some of Menander's comedies: Trust, The Heiress, The Locrians, The Nervous Man, The Lawgiver, The Changeling.—The MSS. give *aut illa mala iudicia*: but it is impossible to take *mala* as predicate.

numeris: here as at § 91 rather than as at § 4, where see note. It only = *partibus* and has nothing to do with rhythmical composition. In this sense it is found almost invariably with *omnis*: Varro apud Aul. Gell. xiii. 11, 1 ipsum deinde convivium tum denique omnibus suis numeris absolutum est, &c., and so often in Cicero.

§ 71. **plus adhuc quiddam** = πλέον τι, or ἔτι καὶ πλέον. *Adhuc* with compar. (for *etiam*) is post-Augustan: cp. § 99. **§ 71.**

declamatoribus. Students in the schools of rhetoric, and even speakers of a more mature type, practised declamation at Rome in the shape of oratorical compositions on questions which, though fictitious, were yet akin to such as were argued in the law-courts. Cp. Tac. Dial. 35.

decor: see on § 27.

§ 72. § 72. **eiusdem operis**, i.e. Comedy, not the new Comedy only, as is shown by *alii comici* below.

nomen: see on § 87.

fulgore . . . obduxit: 'has put them in the shade by the brightness of his own glory.'

cum venia: cp. Ov. Tr. i. 1, 46 scriptaque cum venia qualiacumque leget: ib. iv. 1, 104 cum venia facito, quisquis es, ista legas. The *severe* critic will perhaps not find anything in the other comic poets useful for the orator: but he who reads them with indulgence (i.e. making allowance for their poverty as compared with Menander) will find something.

Philemon, of Soli in Cilicia, 360–262. His Θησαυρός was used by Plautus for the *Trinummus*, and his Ἔμπορος for the *Mercator*.

prave, 'adverbium pro sententia.' Note the parallelism, *prave praelatus est* and *meruit credi* (= *merito creditur*). For the latter cp. § 74.—Elsewhere *mereo* means little more than *adipisci, consequi*: §§ 94, 116. For the nomin. with inf. cp. § 97 qui esse docti adfectant.

§§ 73–75. Greek Historians:—

Dionysius says nothing of Ephorus, Clitarchus, or Timagenes, but draws a more elaborate parallel between Herodotus and Thucydides, as well as between Philistus and Xenophon: Theopompus he treats by himself. Cp. Cicero, de Orat. ii. § 55 sq., where the order is Herodotus and Thucydides, Philistus, Theopompus and Ephorus, Xenophon, Callisthenes and Timaeus. For the last two Quint. substitutes Clitarchus and Timagenes.

§ 73. § 73. **nemo dubitat . . . praeferendos.** The acc. and inf. with *dubito* (for the negative expression of doubt) is much the more common construction in Quint. (cp. § 81, 4 § 2), though he also uses *quin* and subj. (e.g. 2 § 1). The constr. belongs on the whole to the usage of the Silver Age. It never occurs in Caesar or Sallust, and in Cicero only in doubtful cases.

densus, § 68. It is opposed to *fusus* here as in § 106 to *copiosus*, Cicero uses *pressus*. Cp. Dionysius, τό τε πειρᾶσθαι δι' ἐλαχίστων ὀνομάτων πλεῖστα σημαίνειν πράγματα, καὶ πολλὰ συντιθέναι νοήματα εἰς ἕν.

brevis: Dionysius, *καὶ τὸ μὲν σύντομόν ἐστι παρὰ Θουκυδίδῃ.*

semper instans sibi, 'ever pressing on.' Thucydides does not 'let things drift,' but closely follows up each thought, making every word tell, and even hurrying on to a new idea before he has fully developed the previous one: Dionysius, *καὶ ἔτι προσδεχόμενόν τι τὸν ἀκροατὴν ἀκούσεσθαι καταλιπεῖν.* Cicero's references to Thucydides are similar: Orat. § 40.

dulcis, § 77, 'pleasing,' cp. voluptate, below. **Γλυκύτης** is one of the essentials of *ἡδεῖα λέξις* in Dionysius, and by others it is made a characteristic of Herodotus on account of the attractiveness of his digressions.

candidus: §§ 113, 121. So in ii. 5, 19 Quintilian recommends young persons to read 'candidum quemque et maxime expositum,'—Livy rather than Sallust: cp. § 101. The word denotes 'clearness,' 'transparency': Dionysius, *τῆς δὲ σαφηνείας ἀναμφισβητήτως Ἡροδότῳ τὸ κατόρθωμα δέδοται.*

fusus supplies the antithesis to *densus* as well as to *semper instans sibi.* Cp. § 77: Cicero, Orat. § 39 alter sine ullis salebris quasi sedatus amnis fluit, alter incitatior fertur.

concitatis . . . remissis adfectibus. Dionysius, *ἐν μέντοι τοῖς ἠθικοῖς κρατεῖ Ἡρόδοτος, ἐν δὲ τοῖς παθητικοῖς ὁ Θουκυδίδης.* For the distinction between *τὸ ἠθικόν* (the appeal to the moral sense) and *τὸ παθητικόν* (the appeal to the emotions) see Cic. Orat. § 128: and cp. note on § 48, above.

contionibus . . . sermonibus: not the same antithesis as *narrando . . . contionibus* § 101, q. v. The opposition here is between the set harangues of Thucydides and the less formal conversations of Herodotus, who 'seldom speaks where there is a fair pretext for making the characters speak. . . . Even the longer speeches have usually the conversational tone rather than the rhetorical,' Jebb. For Cicero's opinion of the speeches in Thucydides see Orator § 30: ipsae illae contiones ita multas habent obscuras abditasque sententias vix ut intellegantur. On this ground he says, 'nihil ab eo transferri potest ad forensem usum et publicum.' Cp. Jebb's Essay in *Hellenica,* esp. pp. 269–275.

vi . . . voluptate. So Dionysius, *ῥώμῃ δὲ καὶ ἰσχύι καὶ τόνῳ καὶ τῷ περιττῷ καὶ πολυσχηματίστῳ παρηυδοκίμησε Θουκυδίδης· ἡδονῇ δὲ καὶ πειθοῖ καὶ χάριτι . . . μακρῷ διενεγκόντα τὸν Ἡρόδοτον εὑρίσκομεν.*

§ 74. **Theopompus,** of Chios, born about 378 B.C. He wrote two histories, neither of which has come down to us—(1) **Ἑλληνικά,** containing in twelve books the sequel to the Peloponnesian War, **§ 74.**

down to the battle of Knidos (B. C. 394); and (2) Φιλιππικά, a history of affairs under Philip, in fifty-eight books.

praedictis = antea, supra dictis. This is the usual meaning of the word in Quintilian.

opus: §§ 31, 67, 69, 70, 96, 123: 2 § 21.

sollicitatus by his master Isocrates. Cicero tells us this (de Orat. ii. § 57).

Philistus, of Syracuse, born about B.C. 430. He was a contemporary of both the Dionysii, by the elder of whom he was exiled and by the younger recalled. He wrote a history of Sicily in two parts.

meretur qui: see on § 72.

quamvis bonorum. For this brachylogy cp. § 94, and note. So quamlibet properato 3 § 19.

eximatur: with *ex* or *de* in classical Latin, as in the phrase ex reis eximi, aliquem de reis eximere (Cic.). For the dat. cp. Hor. Car. ii. 2, 19 Phraaten numero beatorum eximit virtus. In Tac. the dat. is common in the sense of to 'free from': infamiae, morti, ignominiae.

What follows might be a condensation of Dionysius' criticism of Philistus: *Φίλιστος δὲ μιμητής ἐστι Θουκυδίδου, ἔξω τοῦ ἤθους· ᾧ μὲν γὰρ ἐλεύθερον καὶ φρονήματος μεστόν· τούτῳ δὲ θεραπευτικὸν τῶν τυράννων καὶ δοῦλον πλεονεξίας.* Cp. Cic. de Orat. ii. 57.

infirmior: Cic. ad Qu. Fr. ii. 13, 4 Siculus ille (Philistus) capitalis, creber, acutus, brevis, paene pusillus Thucydides. So too Dionysius, *μικρὸς δέ ἐστι καὶ ταπεινὸς κομιδῇ ταῖς ἐκφράσεσιν . . . οὐδὲ ὁ λόγος τῷ μεγέθει τοῦ πράγματος ἐξισοῦται.*

aliquatenus with comparative, instead of the ablative *aliquanto*, just as he uses *longe* and *multum* for *multo.*

lucidior. Cp. Dionysius, *τῆς δὲ λέξεως τὸ μὲν γλωσσηματικὸν καὶ περίεργον οὐκ ἐζήλωκε Θουκυδίδου.*

Ephorus, of Cumae in Aeolis, was a contemporary of Philip and Alexander: fl. circ. B.C. 340. He wrote a Universal History down to his own times. Like Theopompus, he was a pupil of Isocrates.

calcaribus. Brutus § 204 ut Isocratem in acerrimo ingenio Theopompi et lenissimo Ephori dixisse traditum est, alteri se calcaria adhibere, alteri frenos: De Orat. iii. 9, 36. A similar story is told of Plato, teacher of Aristotle and Xenocrates; and of Aristotle, who in turn taught Theophrastus and Callisthenes.

Clitarchus, of Megara, a contemporary of Alexander the Great, whom he accompanied on his expeditions, and whose history he wrote, in twelve books, down to the battle of Ipsos. He also wrote a history of the Persians before and after Xerxes. Cicero alludes to his romantic tendencies, Brut. § 42 sq.

§ 75. **Timagenes** belongs to the Augustan Age. He is said to have been a native of Syria, who came to Rome after the capture of Alexandria (B. C. 55). At Rome he founded a school of rhetoric, and wrote a history of Alexander the Great and his successors. He was a friend of Asinius Pollio, and enjoyed the patronage of Augustus till he incurred his censure for having spoken too boldly of the members of the Imperial family: Hor. Epist. i. 19, 15. **§ 75.**

hoc ipso = *δι' αὐτὸ τοῦτο*: cp. 5 § 8.

historias scribendi: cp. § 34 and 2 § 7. The plural is used of historical works, in the concrete: the sing. generally of history as a mode of composition: §§ 31, 73, 74, 101, 102: 5 § 15.

Xenophon, §§ 33 and 82. By Dionysius he is treated as a historian, and compared to Philistus: the philosophic character of his work is, however, indicated in several places. Besides Cicero (de Orat. ii. § 58) Diogenes Laertius and Dio Chrysostom speak of Xenophon as a philosopher, all probably following an ancient authority.

inter. This use of the preposition (= 'among a number of') has been noted as occurring first in Livy. Cp. § 116 ponendus inter praecipuos.

§§ 76–80. ATTIC ORATORS:— **§ 76.**

ut cum. So *utpote cum* Cic. ad Att. v. 8, 1 and Asinius Pollio ad Fam. x. 32, 4: *quippe cum* ad Att. x. 3. Other instances of this use occur in Quintilian.

decem. This is not a round number but indicates a recognised group of orators, generally considered to have been canonised by the critics of Alexandria, in the course of the last two centuries before the Christian era. Some, however, contend that the canon originated, towards the end of the second cent. B.C., with the school of Pergamus, where special attention was paid to rhetoric and grammar, which the Alexandrian critics neglected in favour of poetry. The group consisted of Antiphon, Andocides, Lysias, Isocrates, Isaeus, Demosthenes, Aeschines, Lycurgus, Hyperides, and Dinarchus. Of these Quintilian omits here Antiphon, Andocides, Isaeus, Lycurgus, and Dinarchus, though all except the last-named are mentioned in xii. 10 §§ 21–22. Demetrius of Phalerum is thrown in at the end, probably after Cicero (see on § 80).—In selecting the five whom he treats here, Quintilian would seem to have followed Dionysius.

aetas una, used here in a wide sense (as is shown by *aetate* . . .

maior, below). The period referred to extends from the latter part of the 5th to the latter part of the 4th century B. C.

longe princeps: Dionysius, *Δημοσθένει ὃν ἁπάντων ῥητόρων κράτιστον γεγενῆσθαι πειθόμεθα.*

vis, *δεινότης*: Dionysius, *τὴν ἐξεγείρουσαν τὰ πάθη δεινότητα* (of Demosthenes): and again *τὸ ἐρρωμένον καὶ ἐναγώνιον πνεῦμα ἐξ ὧν ἡ καλουμένη γίγνεται δεινότης*: Cic. de Orat. iii. 28 vim Demosthenes habuit.

densa: §§ 68, 73, 106. So *pressus*. The Greek equivalent is *τὸ πυκνόν, ἡ πυκνότης*. Dionysius attributes his brevity and conciseness, as well as his energy and power of rousing the emotions, to the influence of Thucydides.

quibusdam, inserted on account of the metaphor, as often in Cicero, e. g. de Orat. i. § 9 procreatricem quandam et quasi parentem: and constantly in translating Greek words and phrases. In general, this use of *quidam* (cp. § 81) indicates that the word to which it is attached is being employed in some peculiar sense, or else that it comes nearest to the idea in the writer's mind. Cp. note on 3 § 11. For *nervi* cp. on § 60.

tam nihil otiosum: i. e. everything is so much to the point. Otiosum = inane: cp. 2 § 17. So i. 1, 35 otiosas sententias, of copy-book headings that have no point.

quod desit: a reminiscence of Brutus § 35 nam plane quidem perfectum et cui nihil admodum desit Demosthenem facile dixeris. Quintilian qualifies his eulogy in comparing him with Cicero § 107 below.

§ 77. § 77. **Plenior . . . magis fusus**: opposed to *tam densa omnia*, above. Aeschines had not the terseness and intensity of Demosthenes, but was not without a certain fluent vehemence of his own. Cicero mentions *levitas* and *splendor verborum* as his characteristics, Orat. § 110, as also *sonitus*, de Orat. iii. § 128; and Dionysius has *ἀτονώτερος μὲν τοῦ Δημοσθένους, ἐν δὲ τῇ λέξεων ἐκλογῇ πομπικὸς ἅμα καὶ δεινὸς . . . καὶ σφόδρα ἐνεργὴς καὶ βαρὺς καὶ αὐξητικὸς καὶ πικρὸς καὶ . . . σφοδρός.* For a comparison between the two great rivals v. Jebb's Att. Or. ii. 393 sq.

grandiori is certainly not neuter (sc. generi dicendi) as some take it, comparing the plural *maioribus* § 63 (where however we have *aptior*, not *similior*). With such an expression as 'grandiori generi dicendi' Quintilian would have employed *magis accedit* (§ 68) or *propior est* (§ 78) rather than *similis*. If the text is allowed to stand, *grandiori* must be masc. (just like *strictus*) and be used in a good sense. *Similis* gets the force of a comparative from *magis* preceding, and *minus* following it (cp. § 93 tersus atque elegans maxime): so that we may render 'he has an appearance of greater elevation in proportion as his style is less compressed.'—Among conjectural emendations may be noted *grandi oratori similis* (though *oratori* seems very inappropriate here); also *gladiatori similis* (cp. sagina gladiatoria in Tacitus and Pliny).

minus strictus = remissior, cp. ἀτονώτερος above. Instead of being *nervis intenta* (εὔτονος) his style was characterised as προπετής ('headlong') by the critics.

carnis . . . lacertorum. The style of Aeschines is deficient in compact force: it is often overcharged and redundant (cp. πομπικός and αὐξητικός above). For *lacerti* cp. Cic. Brut. § 64.

Hyperides, one of the leading orators of the patriotic party, was put to death by order of Antipater, B. C. 322, just seven days before the death of Demosthenes, with whom he had generally acted, though differences arose between them in later life.

dulcis: § 73. So Dionysius χάριτος μεστός.

acutus. Cic. de Orat. iii. § 28 acumen Hyperides . . . habuit: Orat. § 110 nihil argutiis et acumine Hyperidi (cedit Demosthenes). *Acumen* (§§ 106, 114) is the quality required for the *tenue genus*, which aims at instructing: it appeals mainly to the intellect. Here therefore *acutus* means 'pointed,' 'direct.'

minoribus causis. The author of περὶ ὕψους (§ 34) says:—'Nevertheless all the beauties of Hyperides, however numerous, cannot make him sublime. He never exhibits strong feeling, has little energy, rouses no emotion' (Havell's Transl.). Dionysius says εὔστοχος μὲν σπάνιον δ' αὐξητικός: he hits his marks neatly but seldom lends grandeur to his theme by amplification. His Funeral Oration is an exception: here he has 'thoroughly caught from Isocrates the tone of elevated panegyric' (Jebb).

ut non dixerim = ne dicam. Cp. 2 § 15, and note. Tacitus makes a similar use of the potential perfect in secondary clauses.

§ 78. **aetate maior.** Jebb gives the approximate date of his extant work as 403–380 B. C. **§ 78.**

subtilis atque elegans. Cic. Orat. § 30 subtilem et elegantem: Brut. § 35: Orat. § 110. It is the 'plain elegance' of Lysias, his artistic and graceful plainness, that Quintilian is commending.—*Subtilitas* and *elegantia* go together 2 § 19.

subtilis: 'plain,' 'unadorned'; cp. especially subtile genus dicendi (xii. 10, 58) = τὸ ἰσχνὸν γένος, the 'plain' style of rhetorical composition, which, with a careful concealment of art, imitated the language of ordinary life, unlike the 'grand' style, which was more artificial, seeking by the use of ornament to rise above the common idiom. So Dionysius, *ἰσχνότητι γὰρ τῆς φράσεως σαφῆ καὶ ἀπηκριβωμένην ἔχουσι τὴν τῶν πραγμάτων ἔκθεσιν.*

docere. Lysias could make the most of his case: persuasiveness (*πιθανότης*) is mentioned as one of his leading characteristics. But that this is not the whole office of the orator Quintilian himself declares iv. 5, 6 non enim solum oratoris est docere, sed plus eloquentia circa movendum valet.

nihil . . . inane: cp. Orator § 29 quod nihil habeat insolens aut ineptum.—For *est, inest* has been proposed: after *sum, enim* generally is placed third, e. g. necesse est enim 2 § 10: 1 § 14: 7 §§ 15, 24: 2 § 19.

nihil arcessitum. So Dionysius, *πρὸς τὸ χρήσιμον καὶ ἀναγκαῖόν ἐστιν αὐτάρκης.*

magno flumini: Dionysius says that, besides pathos, Lysias wants also grandeur and spirit: *ὑψηλὴ δὲ καὶ μεγαλοπρεπὴς οὐκ ἔστιν ἡ Λυσίου λέξις, οὐδὲ καταπληκτικὴ μὰ Δία καὶ θαυμαστή . . . οὐδὲ θυμοῦ καὶ πνεύματός ἐστι μεστή.* Cicero prefers Demosthenes as a model on account of his power: de opt. gen. orat. §§ 9, 10 ita fit ut Demosthenes certe possit summisse dicere, elate Lysias fortasse non possit. Cp. Orat. § 30.

§ 79. § 79. **Isocrates**, the most celebrated of all the ancient teachers of rhetoric, and called the 'father of eloquence' from the number of orators produced by his school He is said to have died of voluntary starvation shortly after the battle of Chaeronea (338 B. C.) at the advanced age of 97.

in diverso genere dicendi. The pupil of Gorgias, Isocrates worked out his master's theory of an elaborately ornate and rhythmical style of composition. *Suavitas* ('smoothness') rather than *subtilitas* ('plainness') is his chief characteristic. He carefully cultivated the period, to which he gave a large and luxuriant expansion.

nitidus. Its opposite is *sordidus*: cp. Brut. § 238 non valde nitens non plane horrida oratio. So nitidum et laetum (genus verborum) de Or. i. § 81.

comptus—*κομψεύεται* (Dionysius): cp. Cicero's statement that he had lavished on a Greek version of the story of his consulship, 'all the *fragrant essences* of Isocrates and all the little perfume-boxes of his pupils,' ad Att. ii. 1, § 1.

palaestrae quam pugnae: Cp. Cic. Orat. § 42 of epideictic oratory (dulce . . . orationis genus) pompae quam pugnae aptius gymnasiis et palaestrae dicatum, spretum et pulsum foro: de Or. i. § 81. So of Demetrius, non tam armis institutus quam palaestrae

Brut. § 37. Isocrates had not the vigorous compression of style necessary for real contests : πανηγυρικώτερός ἐστι μᾶλλον ἢ δικανικώτερος . . . καὶ πομπικός ἐστι . . . οὐ μὴν ἀγωνιστικός, Dionysius. For the figure involved in *pugnae* (ἀγών) cp. §§ 29, 31 : 3 § 3: 5 § 17.

veneres : in this sense only in poetry and post-Augustan prose, and generally in the singular. Cp. Hor. Ars Poet. 320 Fabula nullius veneris sine pondere et arte : also § 100, below.

sectatus est : cp. Dionysius, ὁ γὰρ ἀνὴρ οὗτος τὴν εὐέπειαν ἐκ παντὸς διώκει, καὶ τοῦ γλαφυρῶς λέγειν στοχάζεται μᾶλλον ἢ τοῦ ἀφελῶς. For the whole passage cp. Orat. § 38 non enim ad iudiciorum certamen sed ad voluptatem aurium scripserat.

nec immerito : see on § 27.

auditoriis . . . non iudiciis : cp. § 36. So Dionysius, ἀναγνώσεώς τε μᾶλλον οἰκειότερός ἐστιν ἢ ῥήσεως· τοιγάρτοι τὰς μὲν ἐπιδείξεις τὰς ἐν ταῖς πανηγύρεσι καὶ τὴν ἐκ χειρὸς θεωρίαν φέρουσιν αὐτοῦ οἱ λόγοι, τοὺς δ' ἐν ἐκκλησίαις καὶ δικαστηρίοις ἀγῶνας οὐχ ὑπομένουσι. Isocrates himself tells us that it was his weakness of utterance and timidity of disposition that precluded him from public appearances : Panath. § 10. Moreover he laid claim to being a teacher of morality; and looking on rhetoric as the highest and most important branch of education, he spoke with contempt of those who wrote for the law-courts, and with whom victory was the only object.

inventione. Here Dionysius says he is in no way inferior to Lysias.

honesti studiosus. This may refer to the diction of Isocrates : Dionysius says that his λέξις is ἠθικὴ τε καὶ πιθανή. Becher mainly relies on ix. 4, 146–7 for his proposal to take 'honesti studiosus in compositione' together : compositio debet esse honesta, iucunda, varia . . . cura ita magna ut sentiendi atque eloquendi prior sit : cp. viii. 3, 16. But (1) the ascription of *honestum* (in an ethical sense) to Isocrates is peculiarly appropriate, and the word is constantly used in this sense by Quintilian. The high moral tone of Isocrates is seen both in his choice of noble themes and in the care with which he ever keeps the higher aspects of his subject in view, and (2) *diligens* could hardly stand alone, divorced from *in compositione.* Moreover a similar expression (in compositione adeo diligens, &c.) is used by Dionysius, ἐν τῇ συνθέσει τῶν ὀνομάτων . . . 'Ισοκράτην περιεργότερον. There is a similar criticism at § 118.

compositione : §§ 44, 66. Cp. ix. 4, 116 quem in poemate locum habet versificatio eam in oratione compositio. 'Isocrates was the earliest great artist in the rhythm proper to prose,' Jebb, ii. pp. 60–61. Cicero, Brutus § 32.

cura . . . reprehendatur. This refers especially to his studied avoidance of hiatus: cp. ix. 4, 35. Dionysius (de Isocr. 2) contrasts in general terms his *σύνθεσις* (compositio) with that of Lysias, noting especially the point here alluded to. With such excessive solicitude we can understand how Isocrates should have taken ten years to write the Panegyricus (4 § 4).

§ 80. § 80. **ceteros**: cp. on *decem* § 76. The use of the word involves a reference to a recognised group, from which he has omitted Antiphon, Andocides, Isaeus, Lycurgus, and Dinarchus.—Demetrius is evidently an addition by Quintilian himself, as is shown by the use of *quin etiam.*

Demetrius, of Phalerum, on being overthrown by Demetrius Poliorcetes in 307, fled to Thebes and thence to Egypt, where he assisted Ptolemy to draw up laws and found his famous library. In citing him after the Attic orators, Quintilian seems to follow Cicero, Brut. § 37. The same order (Phalereus before Demetrius) occurs in Cicero, de Legg. iii. 14: de Or. ii. § 95: de Rep. ii. 2: Brut. § 285. —For **illum** see on § 17.

inclinasse: he impaired the strength of Attic oratory, depriving it of what Cicero calls its 'sap and fresh vigour' (sucus ille et sanguis incorruptus), and substituting an 'artificial gloss' (fucatus nitor): see Brut. §§ 37-8.

ultimus . . . ex Atticis: Brut. § 285 mihi quidem ex illius orationibus redolere ipsae Athenae videntur.

medio genere dicendi: the 'middle' style: see on § 44. In xii. 10, 59 he says of this style 'ea fere est ratio ut . . . delectandi sive conciliandi praestare videatur officium': with which cp. Cicero, of Demetrius, *delectabat* magis Athenienses quam inflammabat.

praefert omnibus Cicero: de Orat. ii. § 95 omnium istorum mea sententia politissimus: Orat. § 92. **tamen** has a general reference to what has gone before: 'yet, in spite of all that can be said on the other side' (e. g. inclinasse eloquentiam dicitur). Cp. § 99 quae tamen sunt in hoc genere elegantissima.

§ 81. §§ 81-84. GREEK PHILOSOPHERS:—

In this paragraph there is a correspondence between the criticisms of Quintilian and those of Cicero and Dionysius. The latter recommends the study of the Pythagorean philosophers (*μεγαλοπρεπεῖς γὰρ τῇ λέξει καὶ ποιητικοί*), holding up Xenophon and Plato as the best models, and eulogising also Aristotle and his followers. Quintilian's selection of Theophrastus is probably motived by the passage in Cicero, Orat. § 2 (already quoted by him in § 33).

confitetur. In the Orator, § 12, Cicero tells us he had got his oratory not from the narrow schoolrooms and mechanical workshops of the rhetoricians, but from the groves of the Academy, the real school for every kind of discourse. Cp. Tac. Dial. de Or. 32.

praecipuum: cp. Orat. § 62 (quoted above) longe omnium . . . princeps Plato.

divina. Cp. Dionysius, πάντων . . . φιλοσόφων τε καὶ ῥητόρων ἑρμηνεῦσαι τὰ πράγματα δαιμονιώτατον: Cic. Tusc. Disp. I § 79.

Homerica: § 86 ut illi naturae caelesti atque immortali cesserimus: §§ 48, 65.

prosam orationem. *Prosa oratio* is used of prose as contrasted with verse: *pedestris oratio* includes all composition of a prosaic order, not necessarily prose only. So Horace speaks of his Satires as *Musa pedestris* (Sat. ii. 6, 17): *pedestres historiae* in Od. ii. 12, 9 are prose histories: *sermo pedester* in A. P. 95 (tragicus plerumque dolet sermone pedestri) is 'homely language.' Cp. Plato, Soph. 237 A πεζῇ τε ὧδε ἑκάστοτε λέγων καὶ μετὰ μέτρων: Aristoph. Fr. 713 παῦσαι μελῳδοῦσ' ἀλλὰ πεζῇ μοι φράσον.—For prose Cicero uses *oratio soluta* (Brut. § 32) to which he opposes *vincula numerorum* (Orat. §§ 64, 77: de Or. iii. § 184).

quodam Delphici, &c. This seems to be the true reading. For *quodam* cp. § 109: § 82: and for *Delphici* . . . *dei* Cic. de Legg. I § 58 cuius praecepti tanta vis . . . est ut ea non homini cuipiam sed Delphico deo tribueretur.

§ 82. **Xenophontis,** §§ 33, 75. § 82

iucunditatem: κατὰ τὴν σύνθεσιν ἡδὺς καὶ εὔχαρις, Dionysius. Cp. Diog. Laert. ii. 57 ἐκαλεῖτο δὲ καὶ Ἀττικὴ Μοῦσα γλυκύτητι τῆς ἑρμηνείας: Cic. Brutus, § 132: cp. ibid. § 292: Orat. § 32 cuius sermo est ille quidem melle dulcior sed a forensi strepitu remotissimus. Tac. Dial. 31. **Inadfectatus** is found also in Pliny the younger.

Gratiae: for the form of expression cp. Orat. § 62 Xenophontis voce Musas quasi locutas ferunt (x. 1 § 33). So § 99 below: Plin. Ep. ii. 13, 7: Hor. Ep. ii. 1, 27.

de Pericle. Pliny, Ep. i. 20, 17 nec me praeterit summum oratorem Periclem sic a comico Eupolide laudari . . . πειθώ τις ἐπεκάθητο τοῖσι χείλεσιν, κ.τ.λ. Brutus § 59 πειθώ quam vocant Graeci, cuius effector est orator, hanc Suadam appellavit Ennius . . . ut quam deam in Pericli labris scripsit Eupolis sessitavisse huius hic medullam nostrum oratorem (sc. Cethegum) fuisse dixerit. The phrase of which this is the explanation (suadae medulla—the essence, marrow, of persuasiveness) is used again de Sen. § 50: cp. Quint. ii. 15, 4. Horace has Suadela, Ep. i. 6, 38.

quandam, i. e. something which may be called *persuadendi dea*: cp. *quodam* below, and *quibusdam* § 76: xii. 10, 11 quadam eloquentiae frugalitate. Prof. Nettleship conjectured *Suadam* [*persuadendi deam*], the last two words being thus explained as a gloss. But the periphrasis is quite natural, and in Quintilian's manner: moreover the passage quoted above from the *Brutus* shows that 'Suada' as a name was hardly current at Rome.

§ 83. § **83. Socratici**, § 35.

elegantiam: § 114: 2 § 19: 'chaste simplicity,' Frieze.

Aristotelen. It is to be noticed that in both Dionysius and Quintilian, Aristotle comes after Plato and Xenophon: *παραληπτέον δὲ καὶ Ἀριστοτέλη εἰς μίμησιν τῆς τε περὶ τὴν ἑρμηνείαν δεινότητος καὶ τῆς σαφηνείας καὶ τοῦ ἡδέος καὶ πολυμαθοῦς.* Cp. Brut. § 121: Orat. § 172.

scientia . . . copia . . . suavitate: Orat. § 5 admirabili quadam scientia et copia: Topica 1 § 3 dicendi incredibili quadam quum copia tum etiam suavitate.

acumine: see on § 77.

nam has come to serve as a transition-formula: so §§ 9, 12, 50: 4, 4. It generally involves an ellipse.

Theophrasto. Brut. § 121 quis Theophrasto dulcior? Theophrastus succeeded Aristotle in the conduct of his school B.C. 322, and died 287.

tam est loquendi nitor ille divinus ut. *Tam* goes closely with *divinus*: *tam divinus est* is the pred. and *loquendi nitor ille* the subj. For the order of words cp. § 76 tam nihil otiosum, and 7 § 27. Even in Cicero a similar separation occurs: in Verr. v. § 121 quis tam fuit illo tempore durus et ferreus. Kiderlin, however, contends that the words *loquendi nitor ille divinus* are obviously meant to be taken together, and that *ille* makes it impossible to join *tam* and *divinus*. He proposes to read *tam manifestus est*.

nitor: cp. §§ 33, 9, 79 (where see note on *nitidus*): Cicero, de Fin. iv. 3, 5.

nomen traxisse. Orat. § 62 siquidem et Theophrastus divinitate loquendi nomen invenit: *διὰ τὸ τῆς φράσεως θεσπέσιον.*

§ 84. § **84. Stoici veteres.** For the comparative unfitness of the Stoic writers for oratorical purposes see esp. Cic. de Orat. iii. 18, 66: de Fin. iv. 28, 78 sq.: de Orat. ii. 38, 159. Brutus § 114: § 118.

quae instituerant: 'their principles.' Cp. praecepta institutaque philosophiae in Cicero de Off. i. 1, 1 and elsewhere.

colligendo: 'arguing,' not necessarily here of the formal process of syllogistic reasoning.

rebus acuti: 'shrewd thinkers,' rather than masters of the grand style. For the constr. (where in Greek the present participle would have been used) cp. § 80 vel ob hoc memoria dignum.

§§ **85–100.** Roman Poets.—Quintilian's criticisms of Latin literature, though naturally more independent than his judgments of Greek authors, are hampered, as Professor Nettleship has shown (Journ. Phil. 18 p. 262 sq.), by 'the idea of making canons of classical Latin authors to correspond as closely as possible with the Greek canons. Vergil leads the van among the poets as the Latin Homer: Macer and Lucretius follow as representing Hesiod and the didactic poets. The elegiac poets, Propertius and Tibullus, follow next, answering to Tyrtaeus; then the satirists who of course have no Greek counterparts; then the writers of lampoon, Catullus, Bibaculus, and Horace, to match Archilochus; the lyric poets, Horace corresponding to Pindar; the dramatists, comic and tragic, among whom Varius is singled out as equal to any of the Greeks: the historians, Sallust being matched with Thucydides, and Livy with Herodotus; the orators, Cicero being of course compared in detail with Demosthenes; and the philosophers, among whom we are told that Cicero is *aemulus Platonis.*' **§ 85.**

Idem . . . ordo ducendus. There is a suggestion of military associations in the use of the phrase: tr. 'in the same way we must marshall': cp. 5 § 1. *ordinem ducere* in the sense of 'to be the leader of a company' (sc. as centurion) occurs in Cicero, Caesar, and Livy.

auspicatissimum. Cp. Tac. Germ. 11 agendis rebus hoc auspicatissimum initium credunt. So too Burke, in the peroration of his Speech on Conciliation with America:—'We ought to *auspicate* all our public proceedings on America with the old warning of the church, *Sursum Corda!*'

dederit: v. on § 37.

haud dubie. After *dubie* Halm inserted *ei*, but it does not seem to be necessary.

§ **86. Afro Domitio.** The order is characteristic of the silver age, though examples are found also in Cicero: cp. Atacinus Varro, below, and § 103. Domitius Afer (cp. § 24) was a distinguished orator who flourished under Tiberius and his successors, and died in the reign of Nero, A.D. 59 (Tac. Ann. xiv. 19). **§ 86**

excepi. As distinguished from *accipere*, which, when used in this sense, means to get some information at second-hand, *excipere* always refers to what is said in one's presence, whether one is meant to hear, as in this passage, or not.

Homero. The same dative with *accedere* occurs § 68 magis accedit oratorio generi (Euripides). With the name of a person Cicero also uses the dative, otherwise more commonly ad c. acc.

secundus. See note on § 53. Here the interval between first and second is less than that between second and third: Vergil is a 'good second.'

naturae = ingenio, as in § 119 erant clara et nuper ingenia: cp. § 122.

caelesti: for the hyperbole cp. caelestis huius in dicendo viri (Ciceronis) 2 § 18. So Cic. Phil. v. § 28 caelestes divinasque legiones.

ut . . . cesserimus ita. For *ut . . . ita* (*μέν . . . δέ*) cp. 3. §§ 1 and 31. *Ut* is not concessive and does not affect the verb, which is in the subjunctive of modified assertion (for cedendum est): cp. dederit above § 85. For the plural cp. vincimur, pensamus, below; also § 93 provocamus, § 99 consequimur, § 107 vincimus.

eminentibus: neut. of adj. used substantively,—common enough in Quintilian even with adjectives of the third declension: cp. 3 § 5. Such 'outstanding' passages as those alluded to Horace terms the 'speciosa miracula' of the Homeric poems, A. P. 144.

aequalitate, 'uniform excellence': cp. aequali quadam mediocritate § 54. In § 24 Quintilian has already referred to the *quandoque dormitat*, and his words are probably an echo of the Horatian criticism.

§ 87. § 87. **Macer**: v. on § 56.

Lucretius. The references made to Lucretius in Latin literature are collected in Teuffel-Schwabe's Rom. Lit. § 203, 2.

φράσιν = elocutionem, v. § 42. So ad augendam facultatem dicendi, below.

humilis: 'common-place.'

difficilis: cp. multis luminibus ingenii multae tamen artis,—Cicero's criticism, dealt with by Munro, Introd. to Notes, ii. p. 17.

Varro, P. Terentius (B.C. 82–37), called Atacinus from the river Atax in Gallia Narbonensis, his native province. The work by which he was best known is his translation of the *Argonautica* of Apollonius Rhodius ('interpres operis alieni').

per quae: common in Quintilian to designate 'means by which.' So also *per quod*, *per hoc*: see on § 10.

nomen: cp. § 72, § 120, 5, § 18: Tac. Dial. 10 nomen inserere famae: ib. 36 plus notitiae ac nominis apud plebem parabat.

§ 88. § 88. **Ennius**, the Chaucer of Latin literature (293–169 B.C.),—qui primus amoeno detulit ex Helicone perenni fronde coronam (Lucr. i. 119). Lucretius in this passage calls him 'Ennius noster,' as does also Cicero, Pro Archia § 18, § 22.

speciem. So Ovid, Trist. ii. 424 Ennius ingenio maximus, arte rudis: Am. i. 15, 19 Ennius arte carens.

Propiores, not Vergilio, but rather by inference from 'vetustate' and 'antiqua' in the previous sentence = propiores nostrae aetati. Many MSS. give *propriores,* for which *magis proprii* would be more usual.

ad hoc de quo loquimur = ad augendam facultatem dicendi: *φράσιν.*

Lascivus: so below § 93. The word and its cognates are used by Quintilian of 'running riot,' whether in thought, language, or manner. See above, recens haec lascivia § 43: cp. ii. 5, 10 and 22: Tac. Dial. § 26 lascivia verborum et levitate sententiarum et licentia compositionis. What is always implied is 'exuberance' of any kind, as against severe restraint: cp. Horace, A. P. 106 ludentem lasciva (verba decent) severum seria dictu: i.e. 'sportive' as opp. to 'serious': Epp. ii. 2, 216 lasciva decentius aetas, 'that may more becomingly make merry.'

in herois quoque: sc. versibus. The characteristic of his elegiac compositions reappears even in his heroic verse, i.e. the Metamorphoses. Cp. Martial iii. 20, 6 lascivus elegis an severus herois?

nimium amator ingenii sui: cp. § 98 below, si ingenio suo imperare quam indulgere maluisset. So M. Seneca says Ovidius nescit quod bene cessit relinquere: cp. Sen. Nat. Quaest. iii. 27, 13 poetarum ingeniosissimus . . . nisi tantum impetum ingenii et materiae ad pueriles ineptias reduxisset. Of Seneca himself Quintilian uses similar language below § 130 si non omnia sua amasset. —For the use of an adv. with verb-noun in -tor (as if it were an adjective or participle) cp. Hor. Sat. i. 10, 12 Quis tam Lucili fautor inepte est. Other verbal nouns occur 3 § 23 (hortator): ib. § 20 (offensator).

in partibus, opp. to *totum.* Cp. in parte 7 § 25: also 2 § 26 in partibus. The MSS. omit *in,* while many give *parcius* for *partibus.*

§ **89. Cornelius Severus,** contemporary and friend of Ovid, who addresses to him Epist. ex Ponto iv. 2. **§ 89.**

etiamsi sit. The reading is doubtful: perhaps *etiamsi est,* or *etiamsi fuit.*

versificator. The word is very rare. For the antithesis with *poeta* cp. Hor. Sat. i. 4, 39 neque enim concludere versum dixeris esse satis . . . (ut) putes hunc esse poetam.

si tamen. *Tamen* really goes with *vindicaret,* but the inversion *tamen si* is quite unnecessary; elsewhere in Quintilian *tamen* is found attached to the subordinate and not to the principal sentence: cp. on *nisi tamen* § 2.

ut est dictum. These words are rejected in many edd. But it is obvious that (unless he is quoting from himself) Quintilian is here giving a criticism at second-hand (dictum sc. ab aliis), and conveying the opinion of contemporary critics: cp. § 60 adeo ut videatur quibusdam, of Archilochus. He might however have written 'etiamsi versificator quam poeta melior sit, tamen, ut est dictum, si ad exemplar,' &c.

bellum Siculum: i.e. the war with Sext. Pompeius B.C. 38–36. Scaliger suggested *bellum civile*, with which Severus's poems seem to have dealt, either in whole or in part.

perscripsisset: common enough in the sense of 'write a full account of': here 'from beginning to end'; cp. perlegere, pervenire.

secundum locum—among epic poets, after Vergil.

Serranum is the conjectural emendation generally adopted in place of the readings of the MSS. It rests on Juvenal vii. 80 Serrano tenuique Saleio. Martial (iv. 37, 2) speaks of a Serranus who was deep in debt. Most old edd. read *Sed eum*, still referring to Severus.

consummari: cp. § 122: 2 § 28: 5 § 14 and frequently in Quintilian.

in aetate illa: 'for one so young.'

recti generis: cp. § 44 rectum dicendi genus. The objective genitive after 'voluntas' is noteworthy.

§ 90. § 90. **Valerius Flaccus** flourished in the reign of Vespasian, to whom he dedicated his *Argonautica*, c. A.D. 70. He may be the Flaccus whom Martial addresses in i. 76, exhorting him, with some irony, to give up verse-writing as unprofitable and turn lawyer.—There is a touch of personal sorrow about the use of *amisimus*.

nuper: Flaccus died about 88 A.D. Quintilian wrote his work between 93 and 95.

Salei Bassi. Cp. tenuique Saleio, quoted above. His name occurs several times in the Dial. de Orat.: cum optimum virum tum absolutissimum poetam 5: cp. 9 and 10 where it is stated that he got a gift of 500 sestertia from Vespasian.

nec ipsum senectute maturuit: 'but it was not mellowed by age': *nec ipsum* = his genius no more than that of Serranus, above. On the other reading (senectus maturavit) *ipsum* would be accus. masc.: but the construction is harsh, and *maturo* is exceptional in this sense.

Rabirius, a contemporary of Ovid, Ep. ex Ponto iv. 15, 5 magnique Rabirius oris. Velleius Paterculus mentions him along with Vergil, omitting Horace.

Pedo, C. Albinovanus, friend of Ovid, who styles him *sidereus* ex Pont. iv. 16, 6, *carissime* iv. 10, 3. Martial refers to him as a scholarly poet and epigrammatist: but he is not to be identified with the Celsus Albinovanus of Horace, Epist. i. 3, 15 and 8, 1. M. Seneca gives us 23 hexameters of his which formed part of a poem celebrating the famous voyage of Germanicus (cp. Tac. Ann. ii. 23).

Lucanus M. Annaeus, the author of the 'Pharsalia,' A.D. 38–65. The criticism of Quintilian puts before us Lucan's merits and defects,—the predominance of the declamatory element being prominent among the latter. In the Dial. de Orat. 20 he is classed along with Vergil and Horace. The *ut dicam quod sentio* seems to indicate that Quintilian is combating the prevailing sentiment about Lucan.

sententiis—*γνώμαις*, v. §§ 50, 61, 'such general utterances as have a bearing upon human life and action': see Heitland's Introd. pp. lxv–lxvii.

§ **91. Hos,** sub. *tantum*: as 5 § 7 uno genere. § **91.**

Germanicum. Domitian took this title after his expedition against the Chatti, A.D. 84, in reference to which Tacitus says (Agric. 39) that he was conscious 'derisui fuisse falsum e Germania triumphum.' For the tone of adulation cp. Proem. Book iv, 2 sq.

ab institutis studiis. It would appear that he contemplated an epic poem on the war with the Jews: cp. Tac. Hist. iv. 86.

cura terrarum: cp. Mart. viii. 82 Posse deum rebus pariter Musisque vacare Scimus, et haec etiam serta placere tibi.

donato imperio, i.e. to his father Vespasian, as he pretended, and his brother Titus: cp. Suet. Dom. § 13 principatum adeptus neque in senatu iactare dubitavit 'et patri se et fratri imperium dedisse.'

numeris: § 70.

qui sic gerit: cp. § 114 of Julius Caesar, 'eodem animo dixisse quo bellavit.'

propius audirent: cp. Aen. 1, 526 parce pio generi et propius res aspice nostras. The phrase is used of interest as well as nearness, and refers to the presence and sympathy of the Muses when the poet reads his compositions. Cp. also Ovid, Trist. i. 2, 7 oderat Aenean propior Saturnia Turno.

familiare numen Minervae: Domitian was desirous of passing for a son of Minerva, and punished with death a priest of Tarentum who had failed to address him by this title in offering sacrifice. He also instituted the Quinquatria Minervae, with contests in poetry and rhetoric.

§ 92. § 92. **praestringitur**: § 30.

feres. Some MSS. have *feras*, and this is adopted in many edd. as more appropriate to the subservient tone of the whole passage.

Vergiliano: Ecl. viii. 13, addressed to Pollio. Cp. Mart. viii. 82, 7 Non quercus te sola decet, nec laurea Phoebi: fiat et ex hedera civica nostra tibi.

§ 93. § 93. **Elegea.** This form occurs in the best MSS. and ought to be received into the text. Cp. § 58. Ovid has *elegeïa*,—flebilis indignos elegeia solve capillos, Am. iii. 9, 3. *Elegi* is more common: Hor. C. i. 33, 2 miserabiles, A. P. 77 exiguos: Tib. ii. 4, 13: Prop. v. 1, 135: Iuv. 1, 4.

provocamus: post-Aug. in this figurative sense.

tersus, 'smooth and finished.' So below § 94.

Tibullus, c. 54–18 B.C. Hor. Epist. 1, 4: Ovid, Am. iii. 9. As compared with Propertius (c. 50–15 B.C.), he is the poet of warm, tender, natural feeling, which he expresses in neat and finished verse. Propertius has more force and strength; but he is more involved, often in fact obscure; and his indirectness and artificiality have greatly interfered with the adequate recognition of his undoubted powers. Cp. Postgate's Select Elegies lvii. sqq., esp. lxvii.

lascivior v. on § 88. The antithesis is here given in *durior* ('more masculine'), which seems to show that the reference is primarily to Ovid's style. His exuberant vivacity and sportive imagination, as well as his indifference to deep conviction and high ideals, might however well be included in the criticism.

Gallus, Cornelius, of Forum Iulii (69–26), was the first *praefectus Aegypti* under Augustus, but on a report of some rash speeches was banished and committed suicide in his forty-third year. Vergil's regard for him comes out in Eclogue vi. 64 sqq., and in the dedication of Eclogue x. (sollicitos Galli dicamus amores).

Satura. The word was long believed to be derived from *lanx Satura*—the platter filled with first fruits of various sorts which was an annual thank-offering to Ceres and Bacchus: and so a 'medley' or 'hodge-podge.' Mommsen, however, holds that it means the 'masque of the full men' (saturi),—the song enacted at a popular carnival, when repletion in the performers leads to a certain 'fulness' about the performance. Cp. Tibullus ii. 1, 22 saturi . . . coloni: 53 satur arenti primum est modulatus avena carmen (agricola).

tota nostra. This claim must be understood of satire in its Roman form. The spirit of personal invective had already found expression in the lampoons of Greek satire, e.g. in the iambics of Archilochus and Hipponax, to say nothing of the old Comedy at Athens; but Satire at Rome grew to be a distinct art, a serious practical aim being imposed on the literary form that was developed out of the original *Satura* (for which see below, § 95). The claim made by Quintilian springs from the consciousness that Satire was pre-eminently the national organ of public opinion at Rome. Moreover, it was the only form of literature that enjoyed a continuous development, extending as it did from the most flourishing era of the Commonwealth into the second century of the Empire.

Lucilius, C. (B.C. 168 (?)–103) gave Satire its true popular tone at Rome, speaking out openly and with a courageous frankness against the iniquity and incompetence of the nobles, the sordid, avaricious and pleasure-seeking aims of the middle-class, and the venality of the mob. Horace passes a rather mixed judgment on him, censuring his discursiveness, roughness, careless rapidity, and verbosity; but commending him for his original force and frank outspokenness. See Sat. i. 4, 6–12, 57: 10, 1–5, 20–24, 48–71: ii. 1, 17, 29–34, 62–75, In the time of Tacitus some preferred Lucilius to Horace: Dial. 23.

§ 94. fluere lutulentum, a quotation from memory of Sat. i. 4, 11 cum flueret lutulentus erat quod tollere velles: cp. 1, 10, 50. **§ 94.**

libertas: Hor. Sat. i. 4, 5 multa cum libertate notabant.

inde: it was his outspokenness (libertas) that gave so keen an edge to his satire (acerbitas): Hor. Sat. ii. 1, 62. *Inde* is in fact *causal* here. Pro Mur. § 26 is the only parallel instance in Cicero, and there *inde* occurs in a law formula: inde ibi ego te ex iure manu consertum voco.

abunde salis: Verg. Aen. vii. 552 terrorum et fraudis abunde est: Suet. Caes. 86 potentiae gloriaeque abunde, but not in earlier prose. *Abunde* was originally neut. of *abundis*, used substantivally (cp. pote and necesse) and so becoming an adverb.

multum. Cicero very rarely has *multum* for *multo*: cp. πολὺ μεῖζον.

purus magis gives the antithesis to *lutulentus*.

nisi labor: cp. vi. 3, 3 sive amore immodico praecipui in eloquentia viri (Ciceronis) labor: Cic. Brut. 244 ambitione labi. The two oldest MSS. (G and H) give *non labor*: but the majority have *nisi*, and Prof. Wilkins points out that *mihi labor* in Prat. and Put. is also in favour of this reading. For *praecipuus* used absolutely cp. §§ 68, 81, 116.

Multum et verae = multum gloriae et quidem verae gloriae. So the Greek *καὶ ταῦτα*. For acc. w. *mereo* cp. § 116.

quamvis: cp. § 74. Even in classical Latin *quamvis* is used with adjectives and adverbs, and without any verb.

Persius (34–62 A. D.). The best account of his satires is that prefixed to Conington's edition. Cp. Mart. iv. 29, 7 Saepius in libro numeratur Persius uno Quam levis in tota Marsus Amazonide.

Sunt clari hodieque et: 'there are brilliant satirists at the present day,—men whose names will hereafter be on the roll of fame': cp. § 104 below qui olim *nominabitur* nunc *intellegitur*.—This use of *hodieque* ('noch heutzutage') is quite different from instances where -que is merely copulative. The explanation of the *que* may be that it is thrown in to correspond with *et* in what follows (*τε . . . καί*). Certainly it is the same writers who are *clari* now and who will hereafter receive proper recognition (*nominabuntur* cp. § 104 below), though at present he refrains from giving names. —It is just possible, however, that here and elsewhere *hodieque* is a contraction for *hodie quoque*. In that case *et qui* must be taken with *clari*, not with *hodie quoque*, and the *et* will be omitted in translation.

Juvenal can hardly be referred to here, as his first Satire is later than the reign of Domitian, under whom Quintilian composed his work. The reference is more probably to some minor Satirists.—For **olim** see on § 104.

§ 95. **§ 95. Alterum illud**, &c. This takes us back to the earliest forms of the Roman Satura. Alongside of the Fescennine verses (Hor. Epist. ii. 139, sq.), there grew up a sort of dramatic medley or farce, probably containing an element of dialogue. These 'Saturae' differed from the Fescennine verses in having more of a set form and not being extemporised; while, again, they were distinct from the developed drama in having no connected plot. They seem from the first to have contained a dramatic element, consisting as they did of comic songs or stories recited with gesticulation and flute accompaniment. In the hands of Ennius the Satura became a medley of metrical pieces—a metrical miscellany—in which the poet gave utterance, not without the element of dialogue, to his views on things in general. With Lucilius it passed from miscellaneous metrical composition to that aggressive and censorious criticism of persons, manners, literature, and politics, which the word satire has ever since been employed to denote.

etiam prius, i.e. even before the *satura* of Lucilius. The *satura* of Varro (like that of Menippus, whom he imitated), besides being composed in all sorts of metres, admitted prose also: hence 'non sola carminum varietate mixtum.' It was also, in respect of material, a sort of *pot-pourri* or 'hodge-podge.'

condidit: see § 56. There is no need for the conjecture *condivit*. The word means 'wrote,' 'composed.'

Terentius Varro, M. (B.C. 116–27). Of his many works (said to number about 600) we have only three books of the *de re rustica*, parts of the *de lingua latina* (in 25 books), and fragments of the Menippean Satires. A good account of Varro's life and writings is given in Cruttwell's Rom. Lit. pp. 141–156.

omnis antiquitatis. He wrote Antiquitates rerum humanarum et divinarum, in forty-one books. Cp. Cic. Brut. 15, 60 diligentissimus investigator antiquitatis. For his general activity v. Acad. Post. i. 3, 9: Phil. ii. 41, 105, where distinct reference is made to treatises de Iure Civili, in fifteen books: de Vita Populi Romani, in four books: Annales in three books: de Fama Philosophiae: and nine books Disciplinarum.—For this use of *antiquitas* cp. Tac. Ann. ii. 59 cognoscendae antiquitatis: Dial. 30, 3.

eloquentiae. For the datives cp. § 27, § 63, § 71: conferre with in c. acc. occurs 7 § 26, q.v.

§ 96. Iambus=carmina iambica: cp. § 9, § 59. **§ 96.**

ut proprium opus, i.e. as a separate form of composition, such as it was in the hands of Archilochus, Hipponax, and Simonides.

aliis quibusdam (sc. carminibus) **interpositus.** This is sometimes taken as referring both to the alternation of the iambic with other metres and the substitution of other feet for the iambus itself (as commonly in Horace). It is probable that it only includes the former, being repeated, as regards Horace, in the words 'quamquam illi epodos intervenit.' The reading is, however, very uncertain.

Catullo. Cp. Fragm. i. At non effugies meos iambos. The most famous examples of his *acerbitas* are the lampoons on Julius Caesar, especially that contained in the twenty-ninth poem.

Bibaculo. M. Furius Bibaculus (b. at Cremona B.C. 99), like Catullus, the author of lampoons directed especially against the monarchists: Tac. Ann. iv. 34 carmina Bibaculi et Catulli referta contumeliis Caesarum leguntur.

illi, sc. iambo=iambicis versibus.

epodos: ὁ ἐπῳδός, sc. στίχος=a shorter (iambic) verse, alternating with a longer. Though the term epode includes all kinds of metre (except elegiac) in which a long and a short line are combined, it is used especially of the alternation of the iambic trimeter and dimeter (Hor. Epod. 1–10). Horace himself (who has only one poem—Epod. 17—in iambic trimeter alone) includes all his Epodes under the head of 'iambi.'

legi dignus: a poetical constr., which passed into the prose of the Silver Age.

varius figuris: cp. § 68 sententiis densus.

verbis felicissime audax: cp. Hor. A. P. 46 sq., where editors give as instances of *callida iunctura* in Horace himself, the well-known phrases 'splendide mendax,' 'insanientis sapientiae consultus,' 'animae magnae prodigus.' Cp. Petron. Sat. 118 Horatii curiosa felicitas.

Caesius Bassus was the friend of Persius, who addresses his sixth Satire to him: and at the request of Cornutus he edited the whole six, after they had been prepared for publication by the latter. He is said to have perished in the eruption of Vesuvius (A.D. 76), which was fatal also to the elder Pliny.

ingenia viventium: cp. sunt clari hodieque § 94 above. It is only in favour of Domitian § 91 that Quintilian breaks his rule not to mention living writers.

§ 97. **§ 97. Tragoediae scriptores.** Quintilian did not consider it necessary for his purpose to take any account of the first beginnings of tragedy, otherwise he would have mentioned Livius Andronicus (284–204), Naevius (239), and Ennius himself, who was probably almost as great in tragedy as in narrative poetry. Tragedy flourished at Rome only during a comparatively short period: the populace probably failed to rise to the demands made on them by its lofty and serious purpose. Their tastes became more and more estranged from it, as gladiatorial and spectacular shows grew in favour; and appreciation of the drama came to be the proof of the culture of a small and exclusive class. But the popularity which it enjoyed for a time must have been due to the fact that, though the subjects were generally adapted from the Greek, Roman tragedy came to have a character of its own. It appealed to the ethical and political sympathies of the audience, and satisfied that taste for rhetoric which led afterwards to the development of Latin oratory.

Attius, L. (170–about 90 B.C.) should have come after Pacuvius, as being fifteen years younger. He produced his first play in conjunction with Pacuvius, cir. 140. He seems to have had pretty much the same qualities as Ennius and Pacuvius. Cicero, who is said to have conversed with him in his boyhood, and others, bear witness to his oratorical force, his gravity, and passionate energy.

Pacuvius, M. (220–132), the son of Ennius's sister. Of provincial birth (his birth-place was Brundisium), he could not, according to

Cicero, boast the pure Latinity which was the pride of Naevius and Plautus: Brut. § 258 Caecilium et Pacuvium male locutos videmus. —The epithet *doctus*, in the use of which Horace and Quintilian agree, probably refers to his wide acquaintance with Greek literature: see below.

nitor: v. on § 79: and cp. §§ 33, 83, 98, 113: § 124 cultus ac nitor.

summa manus: Cic. Brut. § 126 manus extrema (the 'finishing' touch) non accessit operibus eius. See on § 21.

virium Attio: cp. 'animosi Attius oris,' Ov. Am. i, 15, 19. Persius is less complimentary, Brisaei . . . venosus liber Acci (1, 76), the 'shrivelled volume of the old Bacchanal Accius.'—Quintilian is here only recording current literary opinion: but other references in his *Institutio* go far to prove independent knowledge.

doctiorem: cp. Horace's 'docti famam senis.'

esse docti adfectant: for the constr. cp. § 72 meruit credi secundus. Cp. Hor. Sat. i. 9, 7 noris nos, inquit, docti sumus, where Professor Wilkins remarks: 'The epithet of *doctus* was especially assumed by those who were versed in Greek literature and mythology, especially the products of the Alexandrine school." It aptly characterises the artificial tendencies of the literature of the Empire.

Iam—a formula of transition. *Nam* is suggested as an alternative reading: see on § 12.

§ 98. L. Varius Rufus (64 B. C.—9 A. D.), the friend of Vergil and Horace (Hor. Sat. i. 5, 40: 6, 55) enjoyed a high reputation as an epic poet before he took up tragedy: hence Hor. Sat. i. 10, 51 forte epos acer ut nemo Varius ducit. Cp. the ode addressed to Agrippa (i. 6) Scriberis Vario . . . Maeonii carminis alite. He is mentioned as an epic poet together with Vergil, Epp. ii. 1, 147: A. P. 55. His tragedy Thyestes was performed at the games after the battle of Actium (B. C. 29). He edited the Aeneid after Vergil's death, along with Plotius and Tucca: probably prefixing the biographical sketch from which Quintilian quotes x. 3, 8. **§ 98.**

Graecarum, sc. fabularum.

quantum potuerit . . . si maluisset: cp. § 62. The use of the perf. subj. in such a sentence corresponds to the use of the pf. ind. in *oratio recta* with verbs implying possibility, duty, right, &c., as if to express the idea more unconditionally. Roby 1568.

ingenio imperare: cp. nimium amator ingenii sui § 88.

quos viderim, § 118. The subj. seems to be used here on the analogy of the *qui* of restriction and limitation (Roby 1692).

Pomponius Secundus underwent an imprisonment of several

years' duration on account of his friendship with Aelius Gallus, son of Sejanus: Tac. Ann. v. 8 multa morum elegantia et ingenio illustri. He died 60 A.D.

parum tragicum: contrast Hor. Epp. ii. 1, 166 Nam spirat tragicum satis et feliciter audet.

§ 99. **§ 99. maxime claudicamus.** In this judgment Quintilian must have been biassed by a comparison with Greek Comedy, of the superiority of which we can have only an imperfect appreciation, owing to the scantiness of the survivals. Horace, too, is more severe on Plautus than on Ennius and the tragic poets (Epp. ii. 1, 170: A. P. 270 sq.). And in Quintilian's day the Mimus had so completely re-asserted its position that the production of comedies seems to have almost entirely ceased.

Aeli Stilonis, the first Roman philologist (144–70 B.C.). His name was L. Aelius Praeconinus: he received the additional cognomen Stilo on the ground of his literary eminence. Varro was his pupil.

sententia: abl. by itself, after the analogy of *mea, tua, sententia*. Varro took the criticism from his master.

vellent. In converting a condition contrary to fact into indirect speech, there is a tendency to allow the protasis to remain unchanged in tense: cp. Cic. Q. Fr. i. 1, 11 Illud Asia cogitet nullam . . . calamitatem abfuturam fuisse si hoc imperio non teneretur. *Vellent* in fact represents a continuous wish (unfulfilled) in the past. In the direct, the utterance must have stood 'locutae essent . . si vellent.'

Plautino sermone. Plautus (254–184) engrafted the festive traditions of the Italian farce on the literary form which he borrowed from Greece. Modern comedy is under deep obligations to him if only for his spirit of unrestrained fun.

Caecilius, Statius (219–166), an Insubrian Gaul by birth, and contemporary with Ennius. Gellius tells us that Volcatius Sedigitus (a critic who probably belonged to the earlier part of the first century) placed him at the head of all the Roman comic poets.

laudibus ferant, for the Ciceronian *efferant*: Tac. Ann. ii. 13.

Terenti scripta. The gap between the classes at Rome had widened in the interval that separates Plautus from Terence (cir. 194–159 B.C.). The educated class was growing more refined and fastidious under the leavening influence of Greek culture, while the uneducated section of the people was gradually becoming coarser and more debased. Elegance of style, the cultivation of refinement and taste in thought and language, were the objects now aimed at

There is distinctly less of the drollery of the tavern about Terence than about Plautus.

ad Scipionem Africanum. The rumour may have arisen from the fact of Terence's Carthaginian origin, which renders all the more remarkable the success with which he cultivated a refined and elegant style.

plus adhuc = etiam plus: see on § 71.

habitura. Note the fut. part. in a conditional sentence. Cp. § 119 (without a *si* clause): pronuntiatio vel scaenis suffectura.

intra versus trimetros. The vagaries of comic prosody were certainly not appreciated by ancient critics: they could not excuse what to them seemed carelessness and undue freedom from constraint. Quintilian and others would no doubt have preferred a stricter imitation of Menander's versification.

§ 100. vix levem . . . umbram: a proverbial expression, from the same disparaging point of view as *claudicamus*, above. § 100.

venerem. Poetical for *venustatem*, as at § 79. Cicero uses *lepor* in this sense.

alio genere linguae suae, i. e. another dialect. The charm referred to is the peculiar property of Attic writers generally,—not the comic poets alone. Latin is too formal and rhetorical to fall into simple naturalness and directness of Attic Greek. *Suae* (for MS. *quae*) supplies the antithesis to *sermo ipse Romanus*.

Togatis, sc. fabulis. The *Comoediae Togatae* (though founded on Greek models) aspired to be thoroughly national in dress, manners, and tone.

Afranius (fl. cir. 150 B. C.) began to aim at getting rid altogether of Greek surroundings: and so comedy, descending into the low humours of Italian country life, and specially the debaucheries of the Italian towns, rapidly degenerated into farce.

utinam non, more usually *utinam ne*.

§ 101. cesserit. So § 85 auspicatissimum dederit exordium: cp. cesserimus § 86. There is no need for the emendations *in historia cesserimus*, or *cesserim* with *historia* in abl. § 101.

Sallustium. Sallust evidently accepted Thucydides as his literary model. Brevity (cp. illa Sallustiana brevitas § 32) is a conspicuous feature in both: but the brevity of Thucydides is greatly the result of inability to keep pace with the rush of thought, whereas that of Sallust is often laboured and artificial, and is attained by conscious processes of excision and compression.

Titum Livium. Quintilian's estimate of Livy is very happily expressed so far as it goes. He ignores of course the defects which are obvious to modern students of Livy,—his want of that historic sense which shows itself in ability to trace the gradual development of institutions and to take a philosophic view of general political and social conditions, his indifference to the scrupulous collation and weighing of evidence, and his neglect of chronological and geographical precision.

candoris: 'transparency'. Cp. dulcis et candidus et fusus Herodotus § 73, where see note: § 113 nitidus et candidus: and § 32 lactea ubertas.

contionibus. The speeches are introduced in order to give a portrait of some one, or to indicate motives. Though they make no claim to historical accuracy, they generally give a trustworthy picture of the circumstances and character of the speaker: cp. e. g. vii. 34.

supra quam. Cp. Sall. Cat. v. 3 supra quam cuiquam credibile est: Iug. 24, 5: Cicero, Orator § 139 saepe supra feret quam fieri posset.

eloquentem: Tac. Agr. 10 Livius veterum Fabius Rusticus recentium eloquentissimi auctores: Ann. iv. 34 T. Livius eloquentiae ac fidei praeclarus in primis.

adfectus: § 48: 'the softer passions.'

parcissime: cp. below, 4 § 4 qui parcissime.

commendavit magis: 'has set in a fairer light,' 'represented more perfectly.'—The more usual reading is *commodavit*: but this cannot mean 'appropriately treated,' nor yet can it = praestitit.

§ 102. § **102. immortalem**: so § 86, where it is more appropriate.—Some MSS. have *illam immortalem* or *immortalem illam*: the latter may be right.

velocitatem: 'rapid brevity.' This is the quality which Dionysius denotes by τὸ τάχος τῆς ἀπαγγελίας. Cp. Hor. Sat. i. 10, 9 Est brevitate opus ut currat sententia, and § 73 brevis et semper instans sibi Thucydides.

consecutus est, lit. = 'equalled in point of fame': by other good points (cp. § 73 diversis virtutibus) Livy obtained a degree of fame not inferior to what Sallust gained by his 'velocitas.' The expression is a brachyology for 'immortalitatem illius Sallustianae velocitatis.'—For *velocitatem*, *auctoritatem* and *claritatem* have been conjectured.

Servilius Nonianus. In mentioning his death (A. D. 60) along with that of Domitius Afer (§ 86), Tacitus says that he rivalled the latter's abilities and surpassed his morals (Ann. xiv. 19).

et ipse. Quintilian had not only read his works, but had heard him: he would be between twenty and twenty-five when Servilius died.—For *et ipse* see on § 31.

clarus vi ingenii. This is Kiderlin's conj. for the MS. *clarius ingenii*: cp. § 70 sententiis clarissimus, and, for *vis ingenii*, § 44. The phrase points the contrast to what follows in 'sed minus pressus' &c.: it was his style that did not quite suit the 'dignity of history.'

sententiis creber: cp. § 68 sententiis densus. For *sententiis* (γνώμαις) cp. § 60 § 61: 2 § 17. He was full of point and matter, but not concise enough for history. For *pressus* see § 44.

§ 103. **Bassus Aufidius.** Tacitus mentions him along with **§ 103.**
Servilius Nonianus, Dial. 23, where he speaks of antiquarians 'quibus eloquentia Aufidii Bassi aut Servilii Noniani ex comparatione Sisennae aut Varronis sordet.' His history probably ended with the reign of Claudius, at which point Pliny the elder took it up. The 'libri Belli Germanici' may have been an independent work.

genere ipso = 'gerade durch den Stil'—as being suitable to *historiae auctoritas*. So Kiderlin explains a passage which has been the subject of much discussion. Quintilian often uses *genus* in this sense without dicendi: e.g. 2 § 18 noveram quosdam &c.: § 23 uni alicui generi.

§ 104. **Superest.** Some edd. understand the reference to be to **§ 104.**
Tacitus, but this can hardly be accepted. The words *superest adhuc* are, in their natural sense (cp. 2 § 28), inapplicable to one who had not published anything when Quintilian wrote (about 93 A.D.). Though it may be proposed to take them as meaning simply 'I have still to refer to (a living writer),' (cp. *supersunt* § 123), in which sense the words might apply to Tacitus, it seems extremely improbable that after speaking of a youthful contemporary, Quintilian would in the next sentence return to Cremutius, who died as far back as A.D. 25. It might be argued that the point of the passage is that, after this indirect eulogy of Tacitus, the writer means to imply that the spirit of Cremutius still survives in him: 'there is with us now one who will afterwards be famous but of whom we may not speak at present. The independence of Cremutius is still appreciated.' But *habet amatores* will hardly cover this interpretation: it introduces a critique of Cremutius which seems to have no relation to what goes before. And moreover it is doubtful whether Quintilian, who never mentions any living writer, except Domitian, would have hazarded a reference to one whose anti-imperial tendencies must have been so well-known at Rome. It seems safest, therefore, to follow those who understand the historian here meant to be Fabius Rusticus, who is known to have been still alive in 105 or 109 A.D.

It would have been strange if Quintilian had omitted to mention him, considering his eminence: Livius veterum, Fabius Rusticus recentium eloquentissimi auctores, Tac. Agr. 10.

olim, of future time, as § 94. The writer referred to will come actually to enjoy the renown of which Quintilian here declares him worthy.

nunc intellegitur. Quintilian made it a rule not to mention living writers: cp. iii. 1, 21.

Cremuti libertas: παρρησία, § 65, § 94. Cremutius Cordus published a history of the Civil Wars and of the reign of Augustus, which Augustus is said to have read, or to have heard read, without disapproval. He afterwards incurred the displeasure of Sejanus by his freedom of speech, and in A. D. 25 he was brought to trial, Tac. Ann. iv. 34 sq. Finding his case prejudged, after a spirited defence he went home and starved himself to death. The Senate ordered his books to be burned: 'sed manserunt,' says Tacitus, 'occultati et editi.'

abunde: used here to emphasise *elatum*.

spiritum §§ 44, 61; 3 § 22. The excisions and émendations in regard to matters of detail had evidently not interfered with the independent tone of Cremutius's writings.

alii scriptores, συγγραφεῖς: the word being used specially of historians. Quintilian has not mentioned Caesar, or Nepos, or Velleius, or Quintus Curtius.

degustamus: 'dipping into,' 5 § 23. The opposite is *persequi*: § 45.

§ 105. § **105. parem facere.** Cicero uses *aequare* in a similar passage of the Brutus (§ 138).

cuicumque, § 12. The use of *quicunque* (which in classical Latin is joined with a verb) for *quivis* or *quilibet* (which are used absolutely) may be noted as a sign of the decay of the language. Cp. note on § 12: Roby § 2289—For *eorum*, *Graecorum* has been proposed.

opposuerim. Roby (1540) gives numerous examples of this use of subj. (involving a suppressed condition such as: 'if occasion arose'), with such adverbs as merito, facile, lubenter, citius.

quantam . . . pugnam: owing to the existing prejudice against the style of Cicero. Cp. Tac. Dial. 12 Plures hodie reperies qui Ciceronis gloriam quam qui Vergilii detrectent, and ibid. 18. Hortensius had been from B. C. 95 the Latin representative of Asianism. Under the influence of his teachers, the Rhodian eclectics, Cicero emancipated himself from this school without, on the other hand, binding himself by the most rigorous canons of Atticism. His critics, who adhered to severer models (and among whom were Brutus, Calvus, and the two Asinii), considered the fulness and richness of his style turgidity and bombast, and pointed to his elaborately periodic structure and rhythmical amplitude as proving that he was really an Asianist in disguise. Cicero, on the other hand, thought that his Atticising critics were too apt to forget that the 'thunders of Demosthenes show that the Attic style is quite consistent with the highest degree of grandeur'—ad Att. xv. 1, ad fin. Quintilian denounces them in strong language, xii. 10, §§ 12–14.

cum praesertim. These words are used to indicate that there is all the less reason for controversy as he does not intend to compare the two: he is not denying the supreme excellence of Demosthenes. They give an additional ground for what is really, if not formally, the main idea in the writer's mind, viz. the needlessness of a *pugna* at this point. Hence the phrase comes to have the force of *quamvis* or *idque cum tamen*: tr. 'and that though,' 'though indeed,' 'which is all the less necessary (or the more remarkable) because,' &c.

propositi: for the gen. cp. quid acti sit iv. 2, 21: quid tui consilii sit: quid offici sui sit (Cic. Acad. Pr. ii. § 25, with Dr. Reid's note).

hoc tempore: Demosthenes and Cicero are eulogised together, xii. 1, §§ 14–22.

neque enim attinet, i. e. nor would there be any point in such a controversy. They have no need to draw the sword against me, for I too give Demosthenes the highest place.

§ **106. consilium.** This 'tact' or 'judgment' would be specially shown in *inventio* and in *dispositio*, here made a part of inventio: § **106.**
elocutio is a higher gift.

ordinem (τάξιν). In vii. 1, 1 it is defined as recta quaedam collocatio prioribus sequentia adnectens.

Dividendi ratio is used as equivalent to *partitio* in iv. 5: i. e. nostrarum aut adversarii propositionum aut utrarumque ordine collocata enumeratio.

praeparandi: iii. 9, 7 expositio enim probationum est praeparatio, nec esse utilis potest nisi prius constiterit, quid debeat de probatione promittere. A less formal use occurs 1 § 21.

probandi rationem = *confirmationem*, the establishment of the case.

[**omnia**] **denique q. s. inventionis.** 'Inventio,' the orator's first requisite, may of course be shown in all the various parts of a speech, e.g. narratio, divisio, confirmatio, as here. But in the antithesis between *inventionis* and *in eloquendo* Quintilian is thinking of that fundamental distinction between substance and form on which he based his treatment of his subject.—*Omnia* is not found in the best MSS.; and though the usage of Quintilian might appear to support it, it seems inconsistent with the qualification made about the *peroratio* § 107.

diversitas. This word belongs to the Silver Age.

densior: § 76 tam densa omnia: so of Thucydides § 73 densus et brevis.

concludit, not, as Bonnell = ratiocinatur (xii. 2, 25), but of the 'rounding off' of a period. Cp. Cic. Brutus § 33 verborum ... quaedam ad numerum conclusio: de Orat. ii. § 34 quod carmen artificiosa verborum conclusione ('artistic period') aptius? Hor. Sat. i. 4, 40 concludere versum.

adstrictius ... latius: there is more compactness about the periodic structure in Demosthenes, greater breadth in that of Cicero. This could hardly be said of Demosthenes's periods as a whole: it rather refers to the care which Cicero and Roman orators generally bestowed on the closing syllables of a period. It was this liking for a sonorous and copious diction that seemed to Cicero's critics to justify the epithets (inflatus, tumens, &c.) applied to him in Dial. de Orat. 18.

pugnat: used figuratively for *dicit*: cp. § 4.

acumine. The word is used in §§ 81 and 83 of 'power of thought,' 'intellectual penetration': see on acutus § 77. So Cic. de Orat. 1, § 128 acumen dialecticorum. Here it includes the idea of 'point' in expression: following up the metaphor contained in 'pugnat,' we might render, 'Demosthenes always thrusts with the rapier, Cicero often uses the bludgeon too.'

curae ... naturae. This paradox is true in this sense alone, 'that Cicero is an inferior artist, and indulges more freely the taste of the natural man for ornament' (Jebb). Quintilian may also refer to the laborious training which Demosthenes imposed on himself. Cp. the taunt of Pytheas, that his work 'smelled of the lamp': *ἐλλυχνίων ὄζειν*, ibid.

§ 107. § 107. **salibus.** Cp. vi. 3, 2 and § 21 Demosthenem urbanum fuisse dicunt, dicacem negant: Cic. Orat. § 90 non tam dicax quam facetus: Dion. Hal. Dem. c. 54 *πάσας ἔχουσα τὰς ἀρετὰς ἡ Δημοσθένους λέξις ... λείπεται εὐτραπελίας.*

commiseratione, 'pathos.' See Orator § 130 in quo ut viderer excellere non ingenio, sed dolore adsequebar; i. e. it was real sympathy more than any special talent that enabled him to excel in this respect.

in adfectibus, 'where the feelings are concerned.' Under *adfectus* is included everything that makes an impression on the judges, among other things laughter itself.

vincimus: for the present cp. §§ 93, 101, 105.

epilogos, 'perorations.' The peroration was looked on as giving a great opportunity for moving the feelings: Quint. iv. 1, 28 in epilogo liceat totos effundere adfectus.

mos civitatis. In vi. 1, 7, Quintilian says that with the Attic orators the *epilogus* generally took the form of recapitulation (ἀνακεφαλαίωσις = enumeratio) 'quia Athenis adfectus movere etiam per praeconem prohibebatur orator.' This would be especially the case in trials before the Areopagus.

illa quae Attici mirantur: cp. § 65, § 100 illam solis concessam Atticis venerem.

dialogis: comprising most of Cicero's philosophical works, and the Brutus and de Oratore among his rhetorical.

nihil ille, sc. effecit, consecutus est: cp. §§ 56, 123: 2 §§ 6, 24: 3 § 25: 7 §§ 7, 23.

§ **108. effinxisse,** 'artistically reproduced.' **§ 108.**

iucunditatem. 'The idea which Cicero got from Isocrates was that of number. See esp. de Orat. iii. 44 § 173.' Jebb. So 'suavitatem Isocrates . . . vim Demosthenes habuit' de Orat. iii. § 28.

§ **109. ex se ipso . . . extulit**: cp. Cic. Acad. ii. 8, 23 artem **§ 109.**
vivendi quae ipsa ex sese habeat constantiam.

beatissima: cp. § 61 beatissima rerum verborumque copia: 3, § 22 beatiorem spiritum. Cp. the eulogy by Caesar, in his Analogia, written as he was crossing the Alps, and dedicated to Cicero himself (Brutus § 253).—For *ubertate* most MSS. give *ubertas*.

ut ait Pindarus. We get the *pluvias aquas* in the οὐρανίων ὑδάτων ὀμβρίων of Olymp. xi, but there is nothing in Pindar's extant works that corresponds to the quotation in the text.

exundat: cp. Tac. Dial. 30 ex multa eruditione et plurimis artibus et omnium rerum scientia exundat et exuberat illa admirabilis eloquentia. The word occurs also in Seneca and Pliny.

providentia is used very frequently by itself in Quintilian, e.g. 1. 10, 7 oratio qua nihil praestantius homini dedit providentia; also in xi. 1, 23 with deorum immortalium.

eloquentia: cp. Sen. Ep. 40, 11 Cicero quoque noster, a quo Romana eloquentia exsiluit.—For *vires* most MSS. give *virtutes*.

§ **110. docere . . . movere.** Cp. iii. 5 § 2 tria sunt item quae **§ 110.**
praestare debeat orator, ut doceat, moveat, delectet. *Iucunditas* here expresses the third.

extorquet. Cic. de Or. ii. § 74 nunquam sententias de manibus iudicum vi quadam orationis extorsimus.

transversus = 'turned across,' i. e. at right angles to the original line. The *iudex* is 'turned athwart'—away from the path of his own judgment. For the figure cp. Sall. Iug. 6, 3 opportunitas quae etiam mediocres viros . . . transvorsos agit: 14, 20.

§ 111. § 111. **advocati,** 'pleader,' as generally in Quintilian, synonymous with 'actor causae,' 'causidicus,' 'patronus.' In Cicero the word is reserved for those who lent their countenance and personal support to a friend, especially in legal matters: e. g. Brutus § 289: Pro Clu. § 110.

fidem: 'trustworthiness,' 'credibility.'

cum interim: Roby § 1732. Cp. note on § 18.

posset: the use of the imperf. subj. points to a suppressed protasis, sc. si vellet. So below, 2 § 25 qui noceret, where see note.

inlaborata. The word occurs frequently in Quintilian: also in Seneca.

tamen is a reminiscence of 'tamen ille non rapi videatur,' in the previous sentence, and must be taken with *cum interim*: = 'for all that.'

facilitatem: cp. § 1.

§ 112. § 112. **regnare**: cp. ad Cic. Fam. vii. 24, 1 olim quum regnare existimabamur: ad. Att. i. 1 illud suum regnum iudiciale,—his 'sovereignty of the bar.'—For *hominibus* most MSS. have *omnibus*,

exemplum, predicative, **hoc** being neuter by a common form of attraction: cp. 3 § 17.

profecisse. So Boileau, Art Poét. iii. 308, speaking of Homer: c'est avoir profité que de savoir s'y plaire.

§ 113. § 113. Quintilian makes no mention of orators previous to Cicero: for them see Brutus § 53 sqq.

Asinio Pollione. C. Asinius Pollio (75 B. C.–4 A. D.) was consul in 40, when he helped Maecenas to arrange the Peace of Brundisium: afterwards becoming estranged from Antony he retired into private life and devoted himself to letters. Vergil dedicates the Fourth Eclogue to him, and in the first Ode of Book ii Horace recounts his various titles to distinction. With this judgment cp. 2 § 17 below.

diligentia: 2 § 25 vim Caesaris, asperitatem Caelii, diligentiam Pollionis. The word does not refer to the historian's painstaking care (which could hardly ever be 'nimia'), but to the 'precision' or 'exactitude' of his language.

consilii, 'judgment,' § 106.

animi, 'spirit,' 'vivacity.'

nitore: v. on § 97.

saeculo prior. 'As an orator and writer he affected antique severity in opposition to Ciceronian smoothness.'—Teuffel. Cp. Tac. Dial. 21.

Messalla, M. Valerius Corvinus (64 B.C.–8 A.D.), the friend of Tibullus, who dedicates to him i. 7: cp. the panegyric iv. i. Cp. Tac. Dial. 18 Cicerone mitior Corvinus et dulcior et in verbis magis elaboratus.

candidus: v. on § 73.

quodam modo: cp. Cic. Brut. § 30: ib. § 149: de Or. iii. § 37: § 184.

praeferens = prae se ferens.

viribus minor: cp. § 103.

§ **114. Caesar.** The purity and correctness of Caesar's style are eulogised in the Brutus §§ 251–262: see esp. § 261 non video cui debeat cedere. For his oratorical talent cp. Tac. A. xiii. 3 dictator Caesar summis oratoribus aemulus. § **114.**

si foro tantum vacasset. Tac. Dial. 21 concedamus sane C. Caesari, ut propter magnitudinem cogitationum et occupationes rerum in eloquentia non effecerit quae divinum eius ingenium postulabat.

contra, 'by the side of' with the notion of being 'pitted against': cp. proximumque Ciceroni Caesarem, Vell. Pat. ii. 36, 2.

acumen. See on § 106: here probably of a pointed incisive style.

eodem animo: Livy xxxviii. 50 dicebantur enim ab eodem animo ingenioque a quo gesta erant.

proprie in this sense is post-Augustan.

elegantia; Brutus § 252 ita iudico . . . illum omnium fere oratorum Latine loqui elegantissime.

§ **115. Caelius**, M. Rufus (82–48 B.C.), a man of loose morals and luxurious life, whom Cicero defended from some charges of sedition and attempted poisoning, 56 B.C. Afterwards he joined Caesar, while urging Cicero to remain neutral. Becoming discontented, he intrigued with Milo to raise an insurrection against Caesar, and was put to death near Thurii by some foreign cavalry, 48 B.C. Cp. Brutus § 273 splendida et grandis et eadem in primis faceta et perurbana oratio. § **115.**

urbanitas is defined vi. 3, 17 'sermonem praeferentem in verbis et sono et usu proprium quendam gustum urbis et sumptam ex conversatione doctorum tacitam eruditionem; denique cui contraria sit rusticitas.' Here the idea of *wit* is uppermost: cp. § 117.

Calvus, Gaius Licinius (B. C. 82–48), was the leading spirit among the stricter Atticists in Cicero's day, and is censured by him in the Brutus (§§ 284–291) for taking so narrow a view of the full meaning of Attic oratory as to have introduced the attempt to imitate certain particular models among the Attic orators.

Ciceroni crederent, &c. In the *Brutus* (§ 283) Cicero observes that Calvus was 'too minute and nice in his self-criticism; losing the very life-blood of style for fear of tainting its purity, and cultivating too scrupulous a taste to win the approval of the general public.'

nimia . . . calumnia, 'by over-rigorous self-censure,'—a morbid habit of introspective criticism. Cp. 4 § 3: 7 § 14.

sancta et gravis: his style is 'solemn and weighty.' For *gravis* and *castigata* some MSS. have *brevis* and *custodita.*

castigata, 'chastened,' 'severely finished': cp. Hor. A. P. 292 carmen reprehendite quod non . . . castigavit ad unguem, i. e. by pruning away everything that is useless and inappropriate.

frequenter: see on § 17.

properata mors: cp. 'immatura mors.' He died at the early age of 34.

adiecturus, i. e. if it was likely that he would have added to the purity of his diction other and richer qualities. The cold dry manner of the strictest Atticists failed to hold the ear of Roman audiences: Cic. Brut. § 289.

detracturus: sc. nimia contra se calumnia. He is *exilis* enough as it is.—For the repetition see on *haud deerit* 3 § 26.

§ 116. **§ 116. Servius Sulpicius** Rufus, the most distinguished jurist of Cicero's day, consul B. C. 51. His letter of sympathy to Cicero on the death of Tullia is well known: ad Fam. iv. 5. Cp. 5 § 4: 7 § 30 and above § 22.

meruit = *consecutus est,* as § 94. See on § 72.

Cassius Severus flourished under Augustus, and was banished on account of his libellous attacks (*procacibus scriptis*), first to Crete and then to Seriphos, where he is said to have died A. D. 34, in the twenty-fifth year of his exile; Tac. Ann. iv. 21. Cp. Dial. 19 and 26.

colorem: cp. on § 59. The word does not here denote the particular aspect given to a case by a skilful representation of the facts,—the 'gloss' or 'varnish' put on them by either the accused or the accuser: cp. Iuv. vi. 279. It has a more general sense. Quintilian is charging Cassius with a want of proper 'tone': cp. Cic. de Or. iii. 96 ornatur oratio genere primum et quasi colore quodam et suco suo.

gravitatem: Cassius was wanting in dignity, and his wit was apt to carry him too far.

§ **117. acerbitas mira**: cp. Tac. Ann. i. 72 commotus Cassii Severi libidine qua viros feminasque inlustres procacibus scriptis diffamaverat. § **117.**

urbanitas, v. on § 115.

et fervor. This is a conjecture for the MS. *et sermo*, or *et summo*, corrected to *eius summa* and *et vis summa*. Other suggestions are *et sermo purus*, or *et simplex sermo*.

stomacho. He was full of passionate impulse: cp. 'plus bilis quam sanguinis.' Tac. Dial. 26.

praeterea . . . ridicula est. This sentence is generally taken in continuation of the *praise* of Cassius, attaching closely to 'urbanitas': the words from *sed plus* to *dedit* being then interjected as the only note of disparagement. The literal translation would then be 'while his wit is bitter, the bitterness itself is often enough to make you laugh.' But it may be doubted if Quintilian or any other writer who had just been censuring Cassius for *stomachus* would immediately go on (using *ridiculus* in a good sense) to say that 'often when he is merely bitter without being witty (this is the force of *amaritudo ipsa*, cp. note on § 45) he makes you laugh.' Drollery can hardly be claimed for unrelieved acrimoniousness.

A better sense can be obtained by taking *amaritudo ipsa ridicula est* as part not of the praise but of the censure of Cassius, and interpreting *ridicula* as 'silly,' 'absurd,' 'ridiculous,'—as often in Cicero and Quintilian. The meaning then is 'while his wit is bitter, yet bitterness by itself is silly,' i.e. his wit has a bitter turn, but where he is (as often) bitter without being witty, the result is poor. There is undoubtedly something unsatisfactory about *ut amari sales* (sc. sunt), which might well have a general reference. Kiderlin suggests *ut amantur amari sales*: perhaps *ut amari sales risum movent*. It has even been proposed to take *sales* literally, as if Quintilian were comparing actual salt which has a bitter taste with bitter witticisms: *ut amari sales* sc. *fastidiuntur*.

§ **118. diserti** here, as in § 68 and 3 § 13, almost synonymous with *eloquentes*. § **118.**

longum est: the action is spoken of as still possible. Roby 1535. So Cic. Sest. 5: Longum est ea dicere: sed hoc breve dicam. Cp. 2 §§ 4, 7: 5 § 7: 6 § 2.

quos viderim: see on § 98. Quintilian's fondness for the perfect subjunctive is marked.

Domitius Afer: see on § 86.

Iulius Africanus: a native of Gaul, who flourished under Nero. He divided the palm of eloquence with Afer: Tac. Dial. 15.

in numero veterum: cp. Tac. Dial. 15, ad fin.

compositione: v. on § 79. If it has the same meaning here, it must = the euphonious collocation of words. Quintilian treats of *compositio* ix. 4, 1: tr. 'tedious in his phraseology.'

longior: i. e. he used 'padding' in the effort to round off his periods.

§ 119. § **119. Trachalus**, M. Galerius: consul A. D. 68 along with Silius Italicus. Tacitus (Hist. i. 90) tells us he was supposed to have written the speech delivered by Otho to an assembly of the people.

velle optima, not 'well-meaning,' in a moral sense, but with reference to qualities of style: cp. below § 122 ad optima tendentium: § 131 meliora vellet.

vocis . . . felicitas: cp. xii. 5, 5, where, after enumerating *vox*, *latus*, and *decor* as the 'naturalia instrumenta' of the orator, he refers specially to the 'external advantages' (cp. omnia . . . quae sunt extra, below) of Trachalus.

suffectura, conditional, for *quae suffectura fuisset*, without the protasis *si voluisset*. Cp. note on *habitura* § 99. So Hor. Car. iv. 3, 20 donatura, si libeat.—For *pronuntiatio* see on § 17.

superfuerunt, he had an abundant share of such advantages.

Vibius Crispus, a *delator* of the age of Nero who amassed great wealth by the practice of his profession down to about A. D. 90. Tac. Hist. ii. 10 Vibius Crispus, pecunia potentia ingenio inter claros magis quam inter bonos: iv. 41, 43. In the Dialogue Tacitus speaks of the fame of his eloquence, ch. 8, cp. 13. His wealth was proverbial: divitior Crispo Mart. iv. 54, 7. Juvenal gives a sketch of his character iv. 81–93.

compositus: generally applied to style, 'well-balanced,' e. g. § 44 lenis et nitidi et compositi generis: cp. Cic. Orat. § 208 composita oratio. Here the epithet is transferred to the orator in the sense of 'orderly,' 'finished' in the choice and combination of words. Cp. 2 § 16 below fiunt . . . pro . . . compositis exultantes: § 66 incompositus.

iucundus, 'lively, agreeable, entertaining': cp. 'Crispi iucunda senectus,' in Juvenal, l. c.

§ 120. § **120. Iulius Secundus** is highly spoken of 3 § 12 below. He is one of the interlocutors in the Dialogue of Tacitus, where he is made to pose as umpire between the representatives of Imperial and Republican eloquence; cp. chs. 2, 4, and 14.

adiciebat: he had begun the improvement when death overtook him. He died about 88 A. D. not long before Quintilian wrote his *Institutio*.

curam rerum: he is to care for substance as well as form.

§ **121. candidum**: 'lucid,' v. on § 73 (Herodotus) and cp. § 113 Messalla . . . candidus: § 101 clarissimi candoris, of Livy. **§ 121.**

leve. It seems safer to follow the MSS. here, rather than to read *lene* (as in § 44, where see note). Cp. levitas verborum § 52: levia ac nitida v. 12, 18.

adsumpta = *translata*, 'used figuratively.' When the process is carried too far the *verba adsumpta* becomes *arcessita*.

proprietas, v. on § 46.

ex periculo: viii. 6, 11 (verba) quae audaci et proxime periculum translatione tolluntur. Gr. *παρακεκινδυνευμένα*.

significantia: § 49. The word is found first in Quintilian.

§ **122. eos qui nunc vigent.** Who these were we can infer from the Dialogue of Tacitus and from Pliny's Letters, e.g. Aper, Marcellus, Maternus, Aquilius Regulus, and others. Quintilian must of course have meant to include Tacitus and Pliny themselves. **§ 122.**

consummati: often equivalent to *perfectus* in Quintilian: 5 § 14. Cp. above § 89.

veteribus. *Aemulari* occurs elsewhere with the accusative, § 62; 2 § 17. So of envious emulation Cic. Tusc. 1 § 41.

iuvenum ad optima tendentium. The speeches of Messalla and Maternus in the Dial. (28–30, 34–36) may be referred to as indicating the oratorical aspirations of the youth of Rome when Quintilian wrote.

§ **123. philosophia.** For the attitude of the Romans to philosophy see Teuffel, § 40 sq. Abstract speculation, leading to no practical end, was not held in honour by them. They disliked the unsettling tendencies which seemed to accompany the study of philosophy: hence e.g. their treatment of the Athenian ambassadors in the middle of the second century B.C. **§ 123.**

scripserint. So all the best MSS.: others *scripserunt*. But Quintilian is thinking not of individuals, but of the class. Cp. 2 § 14 concupierint.

paucissimos . . . eloquentes. The addition of an adj. to another adj. used as a subst. is rare in Quintilian.

qui ubique. The sense is clear: it is a repetition of the claim made in § 108. But it was not *ubique* that Cicero rivalled Plato: it was only in Plato's own domain (sc. in hoc opere). The expression was adopted for brevity's sake.

Brutus: cp. § 23. He is not included in Quintilian's list of orators. Cp. Brut. § 21 Brutum philosophiae suae relinquamus. Nam in orationibus minorem esse fama sua etiam admiratores eius fatentur. On his philosophical works see Acad. i. 3, 12 (with Reid's note). He was an adherent of the Stoico-academic school.

sentire quae dixit. The intensity and sincerity of his nature can be inferred from ad Att. xiv. 1. 2, where Caesar is quoted as saying of him *magni refert hic quid velit, sed quicquid vult valde vult.* For his devotion to study see 7 § 27 below.

§ 124. § **124. non parum multa**: cp. 'non parum multi' in Cicero. The opposite of *non parum* is *non nimis.*

Cornelius Celsus: a celebrated encyclopaedist under Augustus and Tiberius, who wrote on rhetoric, jurisprudence, farming, medicine, military art, and practical philosophy. He survived into the reign of Nero. Cp. § 23 above.

Sextios. The Sextii, father and son, were contemporary with Caesar and Augustus, and belonged to the Pythagorean school, though not without a leaning to the Stoics.

cultu ac nitore: v. § 79 and § 83, with notes.

Plautus. The text is not certain; but as Quintilian elsewhere refers to a philosopher of this name as employing the unusual words *queentia* and *essentia*, it may as well be retained.

levis: 'of no weight.'

Catius, an Insubrian by birth, contemporary with Cicero, who speaks of his recent death ad Fam. xv. 16. The scholiast on Hor. Sat. ii. 4 tells us that he wrote 'quattuor libros de rerum natura et de summo bono.'

§ 125. § **125. Seneca**: A. D. 2–65. Martha gives an estimate of the moral teaching of his well-known Letters in 'Moralistes sous l'Empire Romain.'

opinionem. Quintilian worked hard to recall the Romans to a more temperate and classical style. He aimed too at a partial 'return to Cicero,' and considered Seneca a dangerous model for the youth of the day.

damnare . . . invisum habere. There is nothing in this of a moral judgment, though some of Quintilian's contemporaries, notably Tacitus, disliked Seneca, probably because they could not acquit him from blame in regard to his pupil Nero's excesses, and other matters.—The only parallel to *et invisum quoque* in classical Latin is said to be Cic. pro Domo § 47. It does not occur in Caesar, seldom in Livy, but frequently in Quintilian. Cp. on § 20.

corruptum . . . genus. He is not speaking of the false taste of Seneca's style exclusively, but of the general deterioration that prevailed: cp. § 43 recens haec lascivia.

dum contendo: 'through the efforts I made': the *tum* which follows shows that it refers to past time.

solus hic fere in manibus. Tac. Ann. xiii. 3 fuit illi viro ingenium amoenum et temporis eius auribus adcommodatum. In his endeavours to introduce a purer taste Quintilian naturally made so popular an author as Seneca the peg on which to hang his discourse.

§ **126. excutere**: sc. e manibus adulescentium. § **126.**

incessere. Gellius quotes with much indignation, Seneca's disparaging criticism of Ennius, Cicero, and Virgil. In Ep. 114 we find him censuring Sallust and those who imitated him.

iis quibus is an emendation for the MS. *in quibus*, which is awkward after *in dicendo.*

§ **127. Foret . . . optandum.** This shows how high was § **127.**
Quintilian's opinion of Seneca: cp. *ac saltem proximos.*

infamabat, 'brought reproach on.'

§ **128. alioqui**: probably here as at 3 § 13 = praeterea, 'besides,' § **128**
unless it means 'apart from' the doubtful compliments they paid him (Seneca) by imitating him.

quibus . . . mandabat. Especially for physical science he must have been greatly indebted to external aid.

§ **129. orationes.** None survive. Quintilian refers elsewhere § **129.**
to the speech he made for Nero on the occasion of his mother's funeral: Tac. Ann. xiii. 3, cp. 11.

poemata. That Seneca wrote poetry (apart from his tragedies) is evident from Tacitus xiv. 52, where his accusers, in order to prejudice him in the eyes of Nero (who was jealous of his reputation as a poet and an orator),—obiiciebant etiam eloquentiae laudem uni sibi adsciscere et carmina crebrius factitare postquam Neroni amor eorum venisset.

epistulae. The Epistulae Morales ad Lucilium, as we have them now, are 124 in number, arranged in twenty books.

dialogi, i. e. the works called by this name in the Milan MS., not his tragedies, though these were written to be read rather than to be acted. There are twelve of them and each is dedicated to some particular individual.

feruntur: § 23.

parum diligens: 'not very critical.' He was a student of life rather than a student of thought.

eo for ideo: cp. Hor. Sat. i. 6, 89 eoque non . . . Quod non ingenuos habeat . . . parentes.

§ **130. iudicio,** 'taste,' as § 127 above: cp. M. Seneca (of § **130.**
Capito) 'habebat in sua protestate ingenium, in aliena modum.'

nam si obliqua contempsisset, si parum recta non concupisset. The reading cannot be regarded as certain, but it may be accepted. *Si obliqua* is a conjecture for *si aliqua* the reading of **b** which probably represents an independent tradition (see Introd. to large edition, p. lxvii, note) and can therefore stand alongside of *simile quam*, the reading of most MSS. *Obliqua* seems quite appropriate in reference to Seneca's florid, stilted, affected style. The repetition involved in *parum recta* is not unlike Quintilian: others suggest *parum pura* or *parum sana*.

omnia sua amasset. Cp. § 88 of Ovid, nimium amator ingenii sui: 3 § 12.

rerum pondera . . . fregisset: contrast § 123 suffecit ponderi rerum. Seneca 'weakened the force of his matter by striving after epigrammatic brevity.'

amore, of an ill-considered attachment (§ 94: 2 § 19), whereas *studio* would have indicated mature taste.

§ 131. **§ 131. sic quoque** = καὶ οὕτως. Cp. Tac. Ann. iv. 40: xv. 17: Dial. 41.

robustis, opp. to *pueris*: cp. 5 § 1 below.

firmatis. So occupatos 3 § 27: exercitatos 5 § 17.

vel ideo quod: § 86: 5 § 16.

utrimque, i.e. laudantium et vituperantium, 'for and against him.' So 5, 20: 6, 7.

natura: cp. § 86.

II. § 1. **§ 1. verborum . . . copia:** cp. 1 § 5 and § 8.

varietas figurarum: see note on 1 § 50.

componendi ratio, 'the theory of rhythmical arrangement': see on *compositione* 1 § 79: and cp. §§ 44, 52, and 66.

ad exemplum, 'after the model of,' not like *in exemplum* § 2 below, 'as a model.' The same use of *ad* occurs below ad propositum sibi praescriptum. Cp. 7 § 3.

mens derigenda. *Derigo* is probably the only genuine ancient form. So Cic. Orator § 9 ad illius similitudinem artem et manum derigebat: Tac. Dial. § 5 ad utilitatem vitae omnia consilia . . . derigenda sunt. Cp. note on 3 § 28.

dubitari: see on 1 § 73, § 81.

imitatione: a reference to Aristotle's general theory of art, made to introduce the subject of imitation (μίμησις, ζῆλος) in the sphere of oratory.

ratio sic constat: 'it is a universal rule of life that,' &c. More usual would have been 'ita ratio comparata est vitae ut,' &c. (Cic. de Amicit. § 101). The phrase *ratio constat* (cp. rationem reddere) was originally a figure taken from commerce (ratio—reor, 'calculate,' 'count') : see Tac. Ann. i. 6. So Nettleship (Lat. Lex.) would explain here 'there is this balance in ordinary life': i. e. the account of life only comes out right on the supposition that, &c.—civilised life would come to an end unless, &c.

§ 2. **ductus,** 'tracings.'—writing-copies made on wax-tablets. **§ 2.**

initia, abstract for concrete: cp. 3 § 8. So 'studia' is elsewhere put for 'studiosi.'

ad . . . praescriptum: subst. as frequently in Cicero, e. g. Or. § 36. On the other hand *propositum* is even more frequently used as a noun by Quintilian: e. g. § 11.

§ 3. **hoc ipsum quod** must go together, 'the fact that': cp. ix. 2, 69 aperta figura perdit hoc ipsum quod figura est. **§ 3.**

tanto without a correlative: cp. tanto plura § 28. In such instances the *quam* depends on the comparative.

rationem rerum omnium: the general course, method, or procedure of everything, 'every process,' cp. 3 § 31 ratio delendi. *Ratio* is often used with the genitive of a subst. as a periphrasis for the subst. itself.

adprehenditur, frequent in Quintilian of taking hold of a fact, idea, or argument.

§ 4. **Ante omnia** introduces the first argument, viz. that imitation is not sufficient in itself. Others follow in § 7: § 10: and § 12 adde quod, &c. **§ 4.**

vel quia: 'just because,' i. e. because (if for no other reason) it is the mark of, &c. The use of *vel* implies that there are other reasons which could be adduced, if the reader cared to have them (vel—si velis). Cp. 1 § 75 vel hoc est ipso probabilis: § 80: § 86: 5 § 8: Roby § 2222.

Quid futurum erat: § 7 below. Contrast the use of the plpf. subj. in the *definite* apodosis supplied in 'nihil fuisset inventum.' For the indic. cp. longum est 1 § 118: fas erat 5 § 7: satis erat 6 § 12.

Nempe, 'why!' For a similar use of *nempe*, apart from all irony, in answer to a question, cp. Livy vi. 41.

§ 5. **An illi rudes.** *An* is the mark of a double question, being used to introduce the second alternative as opposed to the first, even when the first is understood rather than expressed. Here it almost =num, and implies the needlessness of the preceding remark (Roby 2255), introducing an *à fortiori* argument. So 3 § 29 below: 5 § 7. **§ 5.**

certe scimus. *Certe* is less absolute than *certo*. Certe scio= certum est me scire ('I am sure that I know'): certo scio=certum est quod scio ('I have certain or sure knowledge,' 'my knowledge is accurate'). Cp. Ter. Andr. 503 with 929.

§ 6. § 6. **cuiusquam rei.** Cp. 7 § 3 quisquam . . . orator.

tradiderunt. The traditional reading is *tradiderint*: but after *cum* in the sense of 'whereas' the indicative, which is found in the best MSS., may very well stand.

eruendas. Quintilian follows Cicero in the figurative use of this word; e. g. de Orat. ii. 146.

beneficii. This gen. occurs in the phrase 'sui beneficii facere,' not uncommon in the Latin of the Silver Age, 'to make dependent on one's own bounty or favour.' The phrase is equivalent to nihil habebimus *nisi quod sit* or *quod non sit* ben. al. = nisi quod debeamus aliis ('due to the favour of others'). Cp. the analogous expression 'tui muneris habeo' in Tac. Ann. xiv. 55: tui muneris est, Hor. Car. iv. 3, 21. So 'ducere aliquid offici sui.'

mensuris. The process of 'copying by measures and lines' is not unknown even now. The picture to be reproduced, and the surface on which the copy was to be made, were divided into equal numbers of squares (mensurae) by lines drawn across at right angles.

§ 7. § 7. **Turpe etiam illud est.** This resumes 'pigri est ingenii' in § 4 above, just as immediately afterwards 'rursus quid erat futurum' § 7 resumes 'quid enim futurum erat,' § 4. The whole passage is an elaboration of the dictum with which § 4 opens, 'imitatio per se ipsa non sufficit.' Quintilian first says that we, as well as those who have gone before us, may make discoveries. Surely we are not to confine ourselves to hard and fast lines like servile copyists. Then he goes on to add in § 7 that we must surpass our models (plus efficere eo quem sequimur), instead of resting content with mere reproduction (id consequi quod imitamur). The necessity for progress is first shown (§§ 4–6) by an appeal to the example of the past, and by the unfruitful work of such painters as are mere copyists: then in § 7 poetry, history, navigation, as well as painting, are put in evidence for the argument *e contrario*.

contentum . . . consequi. The constr. c. infin. (very common in Quintilian) passed from the usage of poetry (e. g. Ovid, Metam. 1, 461) into the prose of the Silver Age. Cicero would have used *satis habere*.

in poetis . . . in historiis: see on 1 § 28: 1 § 75.

Livius Andronicus. Cicero (Brutus § 71) compares his translation of the Odyssey to the first rude attempts at sculpture, which passed under the name of Daedalus.

pontificum annales: also called Annales Maximi, probably because they were kept by the Pontifex Maximus. In them was preserved the line of consuls and other magistrates, and they recorded in the baldest fashion the most noteworthy events of each magistracy.

lineas extremas, i.e. the tracing of outlines: this was said to have been the origin of painting.

§ **8. mansit** is a conjecture for MS. *sit*. **§ 8.**

nisi forte: cp. 1 § 70: 3 § 31: 5 § 6.

infelicitatis: cp. on 1 § 7 infelicis operae. The opposite would be beatissima ubertas 1 § 109.

demum: v. on 1 § 44.

§ **9. oratorem perfectum**: § 28 below, with which cp. the **§ 9.**
preface to Book i, § 9 Oratorem autem instituimus illum perfectum qui esse nisi vir bonus non potest.

summa: Pr. i. §§ 19–20 nobis ad summa tendendum est . . . altius tamen ibunt qui ad summa nitentur. *Contendere* = certare ut priores sunt, 'compete,' 'rival.'

§ **10. forsitan**: very rare with the indicative. **§ 10.**

utique. See on 1 § 20. Tr. 'in whose footsteps he thinks he must necessarily follow.'

adde quod, used thrice within three paragraphs §§ 10, 11, 12: another proof of a certain want of finish in Quintilian's style. Cp. on 2 § 23.

in hoc, i.e. in the endeavour to reproduce. **Evalesco** is found in Vergil and Horace.

quaeque pares maxime. These words, as well as *utique* immediately following, are suspected, as not occurring in the best MSS.

§ **11. alienum propositum**, i.e. the purpose of the imitator, not **§ 11.**
that of the original writer or speaker.

§ **12. sanguinis**: 1 § 60 (of Archilochus). **§ 12.**

illis . . . his. This is only an apparent inversion of the usual arrangement: *declamationes* is the nearer subject in thought, as being the subject of the sentence, in which it comes before *orationes*. The use of *hic* may also serve to indicate the prevalence of declamation in Quintilian's day: 5 § 14.

§ **13. compositionis**: see § 1 componendi ratio. Tr. 'particular **§ 13.**
cadences in the arrangement' 1 § 52. Cp. especially ix. 4, 116 quem in poemate locum habet versificatio, eum in oratione compositio.

cum et, &c., 'though, as for the words, they drop out or come into use in course of time . . . while the arrangement, &c. *Verba* is opp. to *compositio* below: cp. *verba* and *comp. pedes* above. The MSS. here give either *et cum*, or *cum*.

verba intercidant . . . consuetudine. Hor. A. P. 70, Multa renascentur quae iam cecidere, cadentque Quae nunc sunt in honore vocabula, si volet usus, Quem penes arbitrium est et ius et norma loquendi. Ibid. 60–62.

ut quorum = quippe quorum. Cp. 1 § 55 ut in qua . . . sit: 1 §§ 57, 74. I have put this clause in brackets to show that it stands by itself: *consuetudine* explains *temporibus*, while *non sua natura . . . sed prout . . . collocata* introduce a new idea. See the following note.

eaque is a continuation of the clause *cum et verba*. The use and disuse of words is a matter of fashion: *and moreover* their value depends on their proper employment.—The words are generally construed as part of the clause *ut quorum*, &c., the demonstr. taking the place of the relative clauses in Cicero (Orat. § 9 quam intuens in eaque defixus): but this seems an unnecessary extension of the explanation of *intercidant invalescantque temporibus*.

proprie: v. on 1 § 9.

collocata here not so much more than *adhibita*. In themselves words are nothing: their effect depends entirely on their appropriate use.

et compositio: i. e. and though, as to the arrangement, it may owe its effect in the original to the manner in which it has been adapted to the sense, while moreover (cum . . . tum) its charm lies in its very variety. The art by which the *compositio* is saved from monotony in the original is lost by the servile copyists of particular extracts: they take no account of the fact that the style ought to reflect the sense, and they forget that the motive for a particular *compositio* in their original was the desire to produce an agreeable effect by diversity of form.—The best explanation of the structure of this intricate period is to take the double clause *et compositio . . . rebus accommodata sit* on the one hand, and *et compositio . . . ipsa varietate gratissima* (sc. sit—repeated from *accommodata sit*) on the other, as corresponding exactly to *cum et verba intercidant*. This double clause is rather awkwardly joined by *cum . . . tum*.

§ 14. **§ 14. exactissimo**: so 7 § 30 commentarii ita exacti = perfecti. Here Cicero would have used *accuratus*.

circa: v. on 1 § 52.

efficiendum = effingendum, as § 13 above. No MS. gives *ad*, but some have *nobis*.

§ 15. **§ 15. in auctoribus.** *In* is used for *apud* in speaking of an author's whole works or general characteristics: Hor. Sat. i. 10, 52 ·

Tu nihil in magno doctus reprendis Homero? 1 § 76 tanta vis in eo (Demosthene).—The same warning is given 1 § 24.

a doctis, 'by competent critics': cp. 1 § 97.

inter ipsos is to be referred to *in magnis auctoribus* not to *a doctis*: hence the comma. Some, however, prefer to take *a doctis inter ipsos* together, as = 'such great writers as are themselves critics.' —*Inter ipsos* would have been *inter se* if the word to which the pronoun refers had been nom. or acc.

mutuo reprehensa. *Mutuo* for *invicem* occurs only here in Quintilian. In illustration, cp. the reference to the letters of Calvus and Brutus to Cicero, Tac. Dial. 18.—For the position of *tam*, see on 7 § 27.

mala (sc. **imitantes**) **peius**, as in the case of Seneca's imitators: 1 § 27.

nec . . . saltem. *Saltem* with a negative is used by writers of the Silver Age in the sense of *ne . . . quidem*, standing sometimes before, sometimes after the word to which it applies: here with *sufficiat*.

ut sic dixerim, for the more classical 'ut ita dicam': cp. 1 §§ 6, 77. So Tac. Ann. xiv. 53, 14: Dial. 34, 8: 40, 19.

Epicuri figuras. The reference is to the theory of εἴδωλα first adopted to explain sensation by Democritus, and afterwards developed by Epicurus. Cp. Lucret. iv. 42 sq.

§ 16. numeris, 'rhythm': cp. compositio § 13, and 1 § 79. **§ 16.**

sunt . . . differentes: a Greek construction.

vim dicendi 1 § 1. Neither in force of expression nor in power of thought do they come up to their models.

in peius. Cp. i. 1, 5 bona facile mutantur in peius: Verg. Georg. 1,200 in peius ruere.

proxima virtutibus vitia. Cp. Hor. A. P. 25–28. Below (32–37) Quintilian draws the moral that knowledge is necessary in order to avoid a fault, otherwise the opposite fault may be committed.

comprehendunt: a rare use. See on § 3 adprehenditur.

pro grandibus tumidi: so professus grandia turget Hor. l. c.

pressis, 'concise,' 'chaste,' 1 § 44: § 46.

exiles, 'bald.'

fortibus temerarii. Strength of style ought not to become rashness.

laetis corrupti. Wealth of style ought not to degenerate into extravagance. For *laetus* cp. 1 § 46.

compositis exultantes: lit. 'bounding instead of measured': cp. exultantia coercere 4 § 1, where see note. For *compositis* v. 1 § 44: for *exultantes* cp. ix. 4 § 142, where *saltare* is used to describe this style, in which the excessive care bestowed on the arrangement (*compositio*) degenerates into affectation.

neglegentes implies contempt for as well as absence of ornament, almost 'slovenliness.'

§ 17. § 17. **horride atque incomposite** : horride inculteque Cic. Orat. 28: cp. 1 § 66 : Tac. Dial. 18.

quidlibet illud frigidum et inane. This phrase stigmatises the tasteless and vapid substance of the incompetent imitators: tr. 'writers who have come out with their favourite platitudes and inanities.' For this use of *illud* cp. Liv. ix. 3, 13 vivet semper in pectoribus illorum quidquid istud praesens necessitas inusserit: and often *ipsum illud, hoc illud* (e. g. Liv. praef. 10): Liv. i. 29, 3 domos suas illud visuri.

extulerunt. The commentators explain as = dicendo extulerunt. But the use is more probably the same as we have in 1 § 109, viz. a metaphor from a productive soil.

antiquis : 1 § 43 quidam solos veteres legendos putant. In the Dialogue on Oratory Aper (15–23) criticises excessive devotion to antique models,—holding 'vitio malignitatis humanae vetera semper in laude, praesentia in fastidio esse.'

cultu = ornatu : 1 § 124. Cicero uses *ornatus* and *nitor* in this connection.

sententiis : 1 § 61 : § 90 : § 129.

Attici : 1 § 44. Cp. xii. 10, 16 Et antiqua quidem illa divisio inter Atticos atque Asianos fuit, cum hi pressi et integri, contra inflati illi et inanes haberentur, in his nihil superflueret, illis iudicium maxime ac modus deesset. **scilicet**, ironical.

conclusionibus, the clauses that 'round off' the period : cp. on concludit 1 § 106. Anacoluths result in such a style from the omission of something essential to the complete period.

obscuri. For the omission of *sunt* cp. 1 §§ 17, 66, 90 : 4 § 1 : 5 § 6 : 7 §§ 7, 23.

Sallustium : cp. 1 § 32 : § 102.

Thucydiden : 1 § 73.

tristes et ieiuni. The opposite would be *hilares et copiosi* : viii. 3, 49.

Pollionem, 1 § 113.

otiosi et supini : 'your easy-going drawler.' For *supinus* ('languid,' 'spiritless') cp. ὕπτιος in Dion. Hal. So supini securique xi. 3. 3 : Martial vi. 42, 22 Non attendis, et aure me supina Iamdudum quasi negligenter audis.—For *otiosus* see on 1 § 76.

Ciceronem : cp. lentus est in principiis, &c. Tac. Dial. 22.

§ 18. **se expressisse.** This unusual construction (after *sibi viderentur* = persuasum haberent) may be intended to indicate that these imitators are thoroughly convinced of their own excellence, whatever the opinion of others may be (*sibi*, sc. *non* aliis). So sometimes with *mihi videtur* in the sense of *mihi placet*: 1 § 91. § 18.

caelestis: 1 § 86.

esse videatur: Tac. Dial. 23 illud tertio quoque sensu in omnibus orationibus pro sententia positum 'esse videatur.' An instance occurs below 7 § 29.

primum est ut: cp. rarum est ut § 7, 24.

§ 19. **consulat suas vires.** So Hor. A. P. 38 Sumite materiam vestris, qui scribitis, aequam Viribus, &c. § 19.

imitabilia: i. e. there are some things which are (in themselves) fit patterns for imitation, but then follows the limitation (quibus c. subj.).

tenue ingenium = ability for the *tenue genus dicendi* for which see on 1 § 44.

fortia et abrupta: a 'bold and rugged style,' the latter quality being often associated with excessive brevity.

forte (sc. ingenium): a talent for vigorous and energetic diction. Cp. Cic. de Orat. ii. 183. So below § 23 'lene ac remissum genus causarum' is that which calls for 'lene ac remissum genus dicendi.'

indomitum: 'violent,' unbridled, unrestrained. In such a case the *genus dicendi grande atque robustum* will be more appropriate than the *genus subtile*: cp. 1 § 44. For the union of *subtilitas* and *elegantia* cp. 1 § 78.

et . . . et. He loses *vis* and fails to secure *elegantia* at one and the same time. The construction occurs (instead of *aut . . . aut*) when the writer wishes to indicate that the coincidence of the two should be guarded against.

indecens is found in Petronius, Seneca, and Martial. The Ciceronian equivalent is *indecorum*.

mollia – lenia, dulcia. He might have added, having regard to what has gone before, *aut cum dura molliter*.

§ 20. **atque** has in transitions often the force of *atqui*. Tr. 'To be sure . . . I expressed the belief that' (*credidi*). § 20.

in libro secundo: ch. 8 where he discusses the question An secundum sui quisque ingenii naturam docendus sit. The conclusion arrived at there might seem inconsistent with what he is now saying, so this paragraph is added to clear away the contradiction.

formator belongs to the Silver Age.

naturam suam fingere: i. e. without the help and supervision of a *praeceptor* to assist in applying such principles as are laid down in § 19.

§ 21. § **21. quamquam**: v. 1 § 33 and § 96: 7 § 17 below.

in illis operibus, sc. in poesi et historia: cp. 1 § 31.

declamatores: 1 § 71.

§ 22. § **22. proposito**, i. e. officio poetarum, historicorum, oratorum. The best MSS. give *propositio*: others *proposita*.

decor, 'appropriate character': v. on 1 § 27. Quintilian seems to have in view here the passage in Ars Poetica (86–118) where Horace insists on the necessity for maintaining proper tone and style.

cothurnos . . . socco. Hor. Ars Poet. ll. 89–91. In line 80 he contrasts the *soccus* (*κρηπίς*) or 'slipper' of comedy with the *grandes cothurni* ('buskins') of tragedy. Cp. Milton's 'the buskin'd stage,' and 'If Jonson's learned sock be on.' Bombast must be avoided in comedy: and tragedy on the other hand should soar above the tone suited to the affairs of daily life (cp. 95 sq.).—For *adsurgit* cp. 1 § 52.

habet tamen, i. e. notwithstanding the rules appropriate to each department (lex cuique proposito).

§ 23. § **23. uni alicui**: cp. § 24 below, also in reverse order 7 § 16 aliquam rem unam. It is used as the singular of *singuli*.

asperitas, 'passion,' opp. to *lenitas* and *aequabilitas*. Cp. Cic. de Orat. ii. 64 genus orationis fusum atque tractum ('easy and flowing') et sine hac iudiciali asperitate: Quint. i. 8, 11 forensi asperitate: cp. 5 § 14 below.

alicuius, 'some particular author': for the use of the full form in a conditional clause, whereby the pronoun receives emphasis, cp. 1 § 22: 6 § 5: 7 § 2, § 15, § 16.

leni ac remisso, cp. on forte (sc. ingenium) § 19, above. So Brutus § 317 Cotta et Hortensius, quorum alter remissus et lenis, alter ornatus, acer.

tenuitas: like subtilitas in § 19 above. In conjunction with *iucunditas* (cp. 1 §§ 46, 64, 82, 96, 101, 113) it is certainly not used in a depreciatory sense, though it always implies the absence of all attempt at embellishment. Tr. 'simplicity,' 'naturalness': cp. 1 § 44. Perhaps *tenuitas* and *iucunditas* together might be rendered 'artless grace.'

asperis: 'exciting' causes, i. e. such as arouse passion, so that the speaker cannot be *lenis ac remissus*, 'smooth and unimpassioned.'

cum sit: cp. § 13.

diversa . . . diversa: an instance of negligent repetition, of which we have another in *uni alicui* immediately following. Cp. 1 §§ 8, 9, 23, 25, 26, 28, 29, 42, 80, 94, 116, 126, 131 : 2 §§ 11–13, 24: 3 §§ 7, 21 : 5 §§ 6, 7 : 6 § 7 : 7 §§ 7, 30.

inter ipsas, § 15.

§ **24. suaserim . . . se addicere**: for the infinitive cp. Cic. de Orat. 1 § 251. § **24.**

sequatur: the subj. is to be supplied from the indefinite pronoun (sc. aliquem) understood before *addicere*.

longe perfectissimus: 1 §§ 39, 105.

melius. The same ellipse of the verb is repeated below 3 § 25.

§ **25. non est**: cp. 1 § 56. § **25.**

M. Tullius: for Quintilian's reverence for Cicero see 1 § 39 and § 105 sq.

quid tamen noceret should be taken in connection with the foregoing. The meaning is 'yet even if I *could* rival Cicero in every respect, what harm would it do,' &c.

vim Caesaris: 1 § 114.

asperitatem Caeli: 1 § 115.

Pollionis: 1 § 113.

Calvi: 1 § 115.

adsumere: as § 27 utilitatis gratia adsumpta; not as 1 § 121.

§ **26. praeter id quod**: see on 1 § 28: cp 3 § 6. § **26.**

tum, as if the sentence had opened with *Nam primum*.

vix . . . sequitur: 'some element, or quality, is realised with difficulty, if we look only at one model.' *Vix aliqui* gives prominence to the affirmative, and so differs from *vix quisquam*: it is achieved but with difficulty. For *aliqua* cp. 7 § 16. *Sequitur* here = *contingit*. See on § 27.

inconcessum occurs in Vergil and Ovid.

aliud ex alio: sc. scriptore.

haereat: sc. in animo legentis. Cp. Hor. A. P. 195 quod non proposito conducat et haereat apte.

§ **27. saepius**: §§ 12–13: § 16. § **27.**

non sit. This is said to be a stronger negation than *ne sit*. Cp. non putemus 3 § 16: ibid. § 5. Cic. pro Cluent. § 155 a legibus non recedamus: Hor. Sat. ii. 5, 91 non etiam sileas.

ad victoriam: 1 § 29 ad victoriam niti.

prooemio, narrandi, probandi, refellendi, adfectibus movendis give the five essential parts of a judicial speech (iii. 9, 1); the introduction, the narrative, the proof, the refutation, and the closing appeal (epilogus, peroratio).

laus popularis: cp. 1 § 17 laudantium clamor: referring to the crowd surrounding the tribunal. Tac. Dial. 6. coire populum et circumfundi coram et accipere adfectum quemcumque orator induerit.

adsumpta (sit): 'how popular applause itself has been worked in,' made useful for winning the case.

cum sequitur, 'when it is given spontaneously, not courted.' Cp. Sall. Cat. 54 ad fin.: quo minus petebat gloriam, eo magis illum sequebatur: ibid. 3.

§ 28. § 28. **deerunt.** All MSS. give *deerant*, which might be defended as meaning 'to supply what he had noticed on reading to be wanting.'

quem . . . consummari. '*Perfectus orator*' forms so much a single idea here that it seems more probable that *quem* covers both the noun and the adj. In so loose a writer as Quintilian no difficulty need be felt about *consummari*, though the editors think it necessary to assume that, with the infin., *perfectus* is proleptic = oratorem consummari ita ut perfectus fiat, comparing Demosth. *μέγας ἐκ μικροῦ ὁ Φίλιππος ηὔξηται*. See 1 § 122 on *consummatus*.

oporteat. The conj. potential conveys the expression of a present duty and obligation, the realisation of which may now be expected. It connects also more intimately with *erit* in the following sentence than *oportebat*, though the latter is found in many of the best MSS.

eorum: sc. qui adhuc summi sunt,—those who have hitherto been (and are) pre-eminent.

III. § 1. § 1. **nobis ipsis** opp. to *extrinsecus*: what *we* must provide for *ourselves*, by our own gifts and industry. Something might be said for the conjecture *e nobis ipsis*, which supplies a better antithesis to *extrinsecus*: cp. 5 § 10. But the opposition of *adhibentur* and *paranda* gives sufficient point.

stilus: see on 1 § 2.

M. Tullius: de Orat. i. § 150: stilus optimus et praestantissimus dicendi effector ac magister: ibid. § 257 stilus ille tuus, quem tu vere dixisti perfectorem dicendi esse ac magistrum, multi sudoris est.

L. Crassi. L. Licinius Crassus, B.C. 140–91, was the most illustrious of Roman orators before Cicero, who in the *De Oratore* seems to make him the mouth-piece of his own opinions.

personam . . . adsignando: cp. 1 § 71 plures subire personas.

§ 2. § 2. **alte refossa.** The meaning is that just as deep ploughing produces heavy crops, so progress that is not superficial (non a summo petitus) brings forth fruit more abundantly and secures its permanence. For *refodere* cp. Lucan iv. 242 tellure refossa: Plin. N. H. xix. 88 solo quam altissime refosso.

profectus: cp. § 15 below: 1, 3, 5 stat profectus ('growth'). The word does not occur in Cicero (who uses *progressus, processus*), though it is often used in the same sense by Seneca. It occurs also in Ovid, Pliny the Younger, and Suetonius.

a summo, i. e. from the surface, 'superficial.' Other instances of such expressions are 1 § 13 ex proximo: 7 § 7 ad ultimum: § 10 ex ultimo: 2 § 16 in peius.

sine hac conscientia = sine huius rei conscientia, i. e. without the consciousness of diligent application in composition. In such expressions (frequent with words like cura, metus, spes, timor) the pronoun takes the place of a complementary genitive, suggested by what goes before: cp. 7 § 19.

§ 3. **illic** = stilo sive exercitatione scribendi. **§ 3.**

sanctiore . . . aerario. The reference is to the reserve treasure (aerarium sanctius) that was never touched except in great emergencies. It was kept in a vault in the Temple of Saturn.

certaminum: so 1 § 4 quo genere exercitationis ad certamina praeparandus sit. Certamen = *ἀγών*. Cp. 1 §§ 31, 106, &c.

proferantur: for the subj. (final) cp. 1 § 30: 3 § 33: 5 § 10.

et . . . non: not *neque*, as the negative really connects only with the verb, while *et* serves simply to introduce *usu*. Cp. 7 § 33.

§ 4. **rerum ipsa natura**: here of 'nature' as a creative agency: **§ 4.**
cp. § 26 below.

praeposuitque. When it is clear from the context that there is an opposition, sentences and words of opposite meanings are often coupled (after a negative) not by a disjunctive but by a conjunctive particle, as here: cp. Cic. de Off. 1. § 22 non nobis solum nati sumus ortusque nostri partem patria vindicat partem amici. In such instances, however, the positive clause (que, et, atque) is an explanation of, rather than an antithesis to, the negative: the opposition is formal rather than real.

difficultatem. Cp. Hor. Sat. i. 9, 59 Nil sine magno Vita labore dedit mortalibus: also Hesiod's *τῆς δ' ἀρετῆς ἱδρῶτα θεοὶ προπάροιθεν ἔθηκαν.*

quae maxime, v. ch. 5.

iam hinc ordinem sequar, i. e. I shall now proceed to deal with these questions in their order. And so follows *quomodo* in chs. iii–iv, and *quae maxime scribi* oporteat in ch. v.—It has been proposed to read *iam hunc.*

§ 5. **dum diligens**, without a verb: cp. 1 § 94 quamvis uno **§ 5.**
libro.

optima, i. e. both in thought and word.

protinus goes with *gaudeamus*, not with *offerentibus*, which can stand by itself: cp. 1 §§ 2 and 42. For *offerentibus* cp. on *eminentibus* 1 § 86.

dilectus . . . agendus. This may possibly be one of Quintilian's military figures: cp. xii. 3, 5 dilectus agere (of an *imperator*). But we have also ii. 8, 7 studiorum facere dilectum: Cic. de Or. iii. § 150 in hoc verborum genere propriorum *delectus est habendus quidam* atque in aurium quodam iudicio *ponderandus est*: Brut. § 253.

ratio collocandi. For this periphrastic constr. see note on *vim dicendi* 1 § 1, 2 § 3. Cp. Cic. ad Quint. Fr. i. 1, 6, 18 sed nescio quo pacto ad praecipiendi rationem delapsa est oratio mea: pro Rosc. Amer. 1 § 3 ignoscendi ratio . . . de civitate sublata est.

numeri: ix. 4, 45 numeros ῥυθμούς accipi volo. Cp. note on 2 § 16.

§ 6. § 6. **repetenda:** we must go back on what we have just written.

praeter id quod: cp. 2 § 26, and see note on 1 § 28.

repetito spatio, i. e. 'going back to take a spring,' as is shown by what follows. He passes from the figure involved in calor . . . refrixit, and anticipates the idea contained in the next clause.

quod . . . videmus, ut. For a similar instance of the use of the pronoun to anticipate a dependent clause cp. 7 § 11. The other two examples commonly given are rather cases of pleonasm, viz. 1 § 58 and 5 § 18.

conatum longius petant: 'take a longer run.' Cp. repetito spatio above.

ad illud quo contenditur spatium, i. e. jump the distance they aim at covering. *Quo contenditur* = lit. to which their efforts are directed.

§ 7. § 7. **interim** = interdum, v. on 1 § 9.

danda sunt vela: 'we must spread our sails before a favouring breeze' (cp. quo ventus ferebat Caes. B. G. iii. 15, 3). So Ep. ad Tryph. § 3 permittamus vela ventis et oram solventibus bene precemur. The figure is frequent in Cicero.

dum . . . non, instead of *ne*, as sometimes in poetry. Here the negative attaches closely to the verb: cp. § 3. Quintilian never uses *dummodo*: only *dum*, or *modo*.

dum nascuntur cp. 1 § 16.

nec for ne . . . quidem (not in Cicero): ii. 13, 7 alioqui nec scriberem: ix. 2, 67 quod in foro non expedit, illic nec liceat: Roby 2230 b.

facilitatem: abstract for concrete = quae facilius scripta sunt. Cp. initiis below, and 2 § 2.

§ 8. Sallustium: see on 1 § 101. § 8.

die, for *in die*. Cp. Hor. Sat. ii. 1, 3 putat . . . mille die versus deduci posse. So bisque die Verg. Ecl. iii. 34.

Varius, see on 1 § 98. His biographical sketch of his lifelong friend was entitled De ingenio moribusque Vergilii.

§ 9. sollicitudinem: 1 § 20 scribendi sollicitudinem: and § 20, § 9.
below, scribentium curam.

initiis = incipientibus: cp. 2 § 2.

compositio: 1 § 79: cp. §§ 44, 46. The three essentials are here enumerated: thought (*res*), language (*verba*), arrangement (*compositio*).

in officio. As in a well-ordered establishment, he says, everything will be found fulfilling its proper function.

§ 10. summa haec. 'Write quickly and you will never write § 10.
well: write well and in time you will write quickly.' The Greek rhetoricians are said to have had a saying ἐκ τοῦ λέγειν τὸ λέγειν πορίζεται, on which Cicero seems to make Crassus found a similar utterance, de Orat. 1 § 150.

facultas illa, sc. cito scribendi.

resistamus: 'let us pause,' 'call a halt.' Cp. § 19: 7 § 14.

ut provideamus: cp. 6 § 6: 7 § 10. So far from being a gloss, the words seem to be necessary to define the meaning and motive of *resistamus*: it is in order to 'look ahead' that we ought to pause from time to time.

efferentes se: 'running away,' or rather, trying to make off,' a *praesens conatus*, as is shown by *non tam moram faciet*, &c. Cp. Hom. Il. 23, 376 ποδώκεες ἔκφερον ἵπποι. In Livy xxx. 20, 3, the figure is taken rather from the 'prancing and curveting' of a horse, Neque . . . tam P. Scipio exultabit atque efferet sese quam Hanno. For the omission of *et* before *efferentes* (found in no MS.) cp. 7 § 1 where a figure is added without any conjunction (intrare portum). *Se* is a conjecture by Burmann.

neque enim: the ellipse may be supplied as follows,—si moram faceret non suaderem. The meaning is, it is only in cases where it will not cause injurious delay that I recommend this curbing and self-restraint; for neither, again, &c.

robur fecerint: § 3 vires faciamus.

infelicem: see on 1 § 7 cuiusdam infelicis operae.

calumniandi se: 'the wretched task of pedantic self-criticism.' See on 1 § 115 nimia contra se calumnia.

§ 11. officiis civilibus: 'the duties of a citizen,' here with § 11.
special reference to legal practice and the advocacy of cases in courts

of law: 7 § 1. The phrase in its widest application includes all the 'civilities' and attentions which one citizen may be expected to show to another, especially in the relation of patron and client.

insenescat. This word occurs in Horace, Ovid, and Tacitus.

velint: potential, as often. The clause stands by itself, and there is no need for supposing the omission of the relative.

increduli quidam: 'a diffident sort of people,' 'somehow afraid of themselves.' *Incredulus* is found in Horace. For quidam cp. 1 § 76. It indicates an undefined degree of the adjective with which it is connected, and has sometimes a modifying, sometimes an intensifying effect: here the former is not so probable considering the strength of the phrase that follows, 'sinning grievously against their natural gifts.'

diligentiam is pred.: supply *esse*. The subject is *facere . . . difficultatem.*

§ 12. § 12. **validius.** Common in Quintilian: e.g. vi. Prooem. § 8 quo me validius cruciaret. The superlative is frequent in Pliny: e.g. validissime placere Ep. i. 20, 22.

omnia sua: cp. 1 § 130 (of Seneca): ibid. § 88 (of Ovid).

narrasse: Quintilian always uses the perfect infin. after *memini*, even where the person who recalls the event was a witness of it. For the rule, see Reid, de Amic. § 2. 'If the person who recalls an event was a witness of it, he may either (*a*) vividly picture to himself the event and its attendant circumstances so that it becomes really present to his mind's eye for the moment, in which case he uses the present infinitive, or (*b*) he may simply recall the *fact* that the event *did* take place in past time, in which case the perfect infinitive is used. If he was not a witness, he evidently can conceive the event only in the latter of these two ways. As regards (*a*) cp. Verg. Ecl. 9, 52 longos cantando puerum memini me condere soles with Georg. 4, 125 memini me Corycium vidisse senem. Examples like the latter of these two are more numerous than is commonly supposed.'

Iulius Secundus, 1 § 120.

§ 13. § 13. **Iulius Florus** is generally supposed to be identical with the individual to whom, as one of the *comites* of Tiberius Claudius in his mission to the East, Horace addresses (B.C. 20) the Third Epistle of the First Book: cp. also ii. 2. There is, however, a chronological difficulty in the identification of the Florus who was a young man in B.C. 20 with the Florus who was the *patruus* of Iulius Secundus, a contemporary of Quintilian (aequalem meum) who died towards the end of Domitian's reign before he had completed the natural term of life (si longior contigisset aetas 1 § 120).

in eloquentia. The genitive is more common with princeps, 1 § 58.

Galliarum. Eloquence flourished in Gaul under the Empire. At Lugdunum Caligula instituted (A.D. 39–40) a contest in Greek and Latin oratory: cp. Iuv. 1, 44.

quoniam introduces what is virtually a parenthesis, referring not to the whole sentence but only to *Galliarum*.

ibi demum: 1 § 44: 2 § 8: 6 § 5. Here it leads up to *alioqui*: it was in Gaul that he practised, but he would have shone anywhere.

alioqui: 1 § 64. Here it = apart from this fact, even if compared with orators of other countries. Transl. 'besides,' and cp. Tac. Ann. iv. 37 validus alioqui spernendis honoribus: Hist. ii. 27: iii. 32.

inter paucos, 'as few have ever been.' Livy xxii. 7, 1 inter paucas memorata populi Romani clades.

illa propinquitate, i.e. his relationship to Secundus, of whom Quintilian speaks with pride as a friend and contemporary 1 § 120.

is fuit . . . is cum: one of Quintilian's negligences: cp. 2 § 23.

adhuc = etiam tum. Strictly *adhuc* is applicable to what continues up to the time of speaking: here of continuance in past time.

operatum: cp. Tac. Ann. iii. 42 nobilissima Galliarum subole liberalibus studiis ibi operata: conubiis arvisque novis operata iuventus Verg. Aen. iii. 136.

adductae. So also attrahere and contrahere frontem (Cic. pro Cluent. § 72). The opposite is *frontem remittere*. *Obductus* is used in a similar sense.

§ 14. Tertium diem . . . quod. *Quod* does not here = *ex quo*, as it denotes not point of time, but duration: in the direct it would be *quod non invenio*, not *quod* (ex quo) *non inveni*. An exact analogy is Plaut. Amphit. i. 1, 148 (302) iam diu 'st *quod* ventri victum non datis (where, however, editors now read *quom*). It might be argued that, here also, we ought to read *quum* (*quomomni*): C. Fam. 15, 14 Multi anni sunt cum M. Attius in meo aere est, and often elsewhere, e.g. de Off. ii. § 75 (Roby § 1723). If *quod* stands it must = 'as regards the fact that he could find no *exordium*, it was now the third day': cp. the German 'es ist schon der dritte Tag, dass,' &c. **§ 14.**

omni labore: a modal ablative, 'in spite of every effort.' There are two instances in Cicero of a similar use of the ablative, *with the gerundive*: de Off. i. 2 § 5 quis est enim qui nullis officii praeceptis tradendis philosophum se audeat dicere? = quamvis non tradat. Cp. pro Mur. § 17.

materiae: 'a theme on which he had to write.' *Materiae* is best taken as the dative of the remoter object.

§ 15. § **15. sine dubio.** This substantival use of the neuter adj. with prep. is frequent in Cicero, but does not occur in Caesar or Sallust.

ratio, 'judgment' (λόγος), such as rational human beings may be expected to show (cp. humano quodam modo, below).

resupini ('with upturned face'), goes closely with *spectantes tectum*: cp. Martial ix. 43, 3 Quaeque tulit spectat resupino sidera vultu.

sed is not found in any MS. The true reading may be *at*, which may easily have slipped out after *obveniat*.

humano quodam modo, 'in true human or rational fashion,' i. e. without looking for inspiration to—the ceiling! Cp. *instincti*, quoted above, and 7 § 14 deum tunc affuisse, &c. For *quidam* see § 11.

§ 16. § **16. certa**, fixed and definite, as belonging necessarily to the subject, and suggested at once by the thought of it. *Pleraque* is not limited to *initia*, though the next sentence is (unde incipiant).

non . . . putemus: v. on 2 § 27. Emphasis is secured both by the use of *non* for *ne*, and by its place in the sentence.

immutescamus, very rare for *obmutescamus*.

alioqui. The condition implied in the word is here expressed in the clause which follows: cp. § 30 below.

§ 17. § **17. diversum** with the dat. (like *contrarium*) is common in Quintilian and later writers: Cicero has ab c. abl.

silva. This word is here used as a translation of ὕλη, properly timber for building, then, metaphorically, raw material, or as here 'rough draft.' So very often in Cicero: e. g. Orat. § 12 omnis enim ubertas et quasi silva dicendi ducta ab illis (philosophis) est, nec satis tamen instructa ad forenses causas. So the 'Silvae' of Statius.

componunt, of 'arrangement': cp. 1, §§ 44, 66, 79.

levitas, 'superficiality,' want of thoroughness and solidity: opp. to *gravitas*.—The improvement extends only to the *verba* and *numeri*, not to the substance.

§ 18. § **18. protinus**=statim ab initio.

opus ducere: so of wax, 5 § 9. The same figure is used Hor. Sat. i. 10, 43–44 forte epos acer ut nemo Varius ducit. Cp. 'carmen ducere' in Ovid. The metaphor is originally from drawing out the threads in spinning: cp. Hor. Ep. ii. 1, 225 tenui deducta poemata filo.

caelandum, 'chiselled,' 'filed': Hor. Ep. ii. 2, 92 caelatumque novem Musis opus.

sequemur: so 1 § 58 revertemur: 7 § 1 renuntiabit: a common use of the future in rules. Warmth of feeling, Quintilian says, will often compensate for want of finish.

§ **19. illis dictandi deliciis**: i.e. the practice which is so much § **19.**
in fashion, so much 'affected': for *deliciae* ('affectation') cp. 1 § 43. The practice of dictation became so common that *dictare* came to have the same sense as *scribere* ('compose'): Pers. i. 52 non si qua eligidia crudi dictarunt proceres? Literary men had of course always their *librarii*.

in stilo: i.e. when the author himself uses it. The *quidem* introduces an antithesis in *ille cui dictamus*.

urget: he 'presses,' whereas even those authors who can write fast take time to stop and think. One even (etiam) feels *ashamed* at times (in addition to being merely conscious of the fact that the scribe's pen is not busy) of one's hesitancy, &c.

resistere: v. on § 10.

§ **20. impropria** = quae significatione deerrant, i. 5, 46. On § **20.**
verba propria see 1 § 6.

at idem ille introduces the second objection to dictation: § 21 supplies a third and § 22 a fourth.

incertior in intellegendo, i.e. not to be depended upon to understand what is dictated to him. Against the MS. *legendo* it must be urged that the reference to *reading* is not very appropriate.

offensator (a ἅπαξ λεγόμενον, whence the use of *velut*) of one whose slowness or muddle-headedness is always bringing the author to a stand-still. Cp. offensantes 7 § 10.

concepta mentis intentio, i.e. the thread of ideas. *Concipere* is of frequent occurrence in Quintilian: e.g. 7 § 14.—The MS. reading *conceptae mentis* is, however, supported by i. 2, 29: the genitive would then be objective, as § 23 below: perhaps 'attention to the conceived thought.'

§ **21. quaeque ipsa**: i.e. per se: so § 23 below, quae ipsa § **21.**
delectant.

frontem et latus. Quintilian is speaking of such little mannerisms as the men of his day indulged in when in the throes of solitary composition,—just as they bite quill pens to pieces or scratch their heads now. For *frontem obiurgare* cp. Cic. Brut. § 278: ut frontem ferias Att. i. 1, 1, though this last passage implies a more vexatious state of distraction.—Most MSS. give *simul et interim*: the above conjecture is based on an ancient variant *sintielatus interim*.

obiurgare, i.e. caedere, ferire, plectere.

leviter dicendi genus: cp. § 17 levitas. The reference is to listlessness and carelessness of style, not the kind that beats the desk or savours of the bitten nail.

nec pluteum caedit. The *pluteus* or *pluteum* is the back board of the 'lecticula lucubratoria' in which writing was done in a recumbent position. The quotation is from Pers. Sat. i. 106.

demorsos sapit ungues: imitated from Hor. Sat. i. 10, 70.

§ 22. § **22. ut semel dicam**: 1 § 17.

secretum in dictando. This is the fourth objection. Cp. 7 § 16 cum stilus secreto gaudeat.

protinus: see on 1 § 3: § 42.

aptissima in hoc. A poetical construction: only here in Quintilian, instead of *dative* or *ad*, *c. acc.*

nemora silvasque. Quintilian is speaking of oratory: poetry on the other hand may fitly seek its inspiration in solitude. Tac. Dial. 9 and 12.

beatiorem spiritum: i. § 27, § 44 (spiritus: cp. 5 § 4 sublimis spiritus); and i. § 61, § 109 (beatus).

§ 23. § **23. hortator**: cp. Liv. xxvii. 18, 14 foederum ruptor dux et populus: Cic. pro Mil. § 50 ipse ille latronum occultator et receptor locus. See on 1 § 88.

secessus occurs in Vergil, Ovid, Pliny, and Tacitus. Cicero uses *recessus.*

quae ipsa: § 21 above.

bona fide, 'earnestly and conscientiously.' The phrase is borrowed from the language of the law-courts, where it was applied to judicial awards made not according to any positive enactment but in equity.

§ 24. § **24. inspirantes.** This word is found also in Vergil, Ovid, and Seneca.

remittere . . . intendere: the figure is derived from the use of the bow.

§ 25. § **25. Demosthenes**: Plut. Dem. 7 ἐκ τούτου κατάγειον μὲν οἰκοδομῆσαι μελετητήριον, ὃ δὴ διεσώζετο καὶ καθ' ἡμᾶς.

lumen for *lucerna*: Cic. de Divin. 1 § 36 lumine adposito.

velut tectos, 'as if under cover': sc. ad omnia quae oculis vel auribus incursant. This is said to be one of Quintilian's military metaphors, whence the use of *velut*. Cp. Cic. de Orat. i. 8, 32. The 'weapons of defence' are three: 'silentium noctis,' 'clausum cubiculum,' and 'lumen unum' (i.e. nobis solum appositum). The opposite of *tectus* in this sense is *apertus*: e.g. Tac. Hist. ii. 21 *aperti* incautique muros subiere.—All the MSS. give *velut rectos.* Among other conjectures are *velut secretos*, or *coercitos*: *velut relictos*: also *velut recto maxime itinere teneat* (Kiderlin).

maxime = potissimum, and leads up to § 28 ut sunt *maxime* optanda. Cp. μάλιστα . . . εἰ δὲ μή.

teneat, potential: 'if we work at night, the silence, &c. will secure us from interruption.' But some, looking to *lucubrantes* (which is emphatic) explain as = ita lucubremus ut . . . teneat; others make it an imperative: 'let us work by night, and under such conditions, with such precautions that,' &c.

§ 26. **in hoc,** i.e. for night work (= in hoc studiorum genere; viz. cum lucubramus). § 26.

bona valetudo. In Quintilian and contemporary writers, *valetudo* by itself means 'bad health': in Cicero the word is neutral.

frugalitas: regularity of life, in a wide sense (as moderatio, temperantia, σωφροσύνη).

cum . . . convertimus. Either the temporal signification of *cum* c. ind. passes here into the causal (cp. i. 6, 2), or else, more probably, the use is exclusively temporal, and the clause is merely a development of 'cum lucubramus,'—the idea contained in the foregoing 'in hoc' (sc. stud. genere).

cui: sc. labori scribendi.

inrogandum = impendendum, tribuendum.

supererit . . . deerit. Tr. 'only so much as would be superfluous for sleep, not insufficient.' We must not encroach on the time necessary for the repose of mind and body,—'not more than what is not needed for sleep, and what will not be missed.' For what may seem a superfluous addition cp. 1 § 115: Verg. Aen. ix. 282 'tantum fortuna secunda Haud adversa cadat.'

§ 28. **codices:** writing-books or tablets, as § 32. § 28.

faciendus usus. Cp. ut scribendi fiat usus in 2 § 2: and § 3 below vires faciamus: 6 § 3 facienda multo stilo forma est.

derexeris: see on 2 § 1. On the other hand in 1 § 27 and elsewhere the edd. print *dirigere.*

incursant: stronger than § 16 in oculos incurrunt. The constr. with the dative is poetical.

§ 29. **An vero . . . non consequemur.** For this form of the *argumentum a minore ad maius* cp. 2 § 5. § 29.

deerremus with simple abl. is post-classical.

idem, i.e. the same abstraction.

si et voluerimus: 'by an effort of will,' opp. to *fortuita cogitatio.*

non nisi: see on 1 § 20.

§ 30. **itinere.** See the description which the younger Pliny gives of his uncle's habits Ep. iii. 5 §§ 10, 11, 14–16. § 30.

alioqui: see on § 16. Cp. § 7.

tot circumstantibus iudiciis. The bench of the centumviri was divided into four courts, sitting in one basilica: often called the *quadruplex iudicium*.

particulas: the 'jottings' which we ought to be able to make even in spite of surrounding confusion, if we are to be effective when called on to speak *ex tempore*.

in litore: Plut. Vit. x. Orat. 8, p. 844 E καὶ κατιόντα ἐπὶ τὸ Φαληρικὸν πρὸς τὰς τῶν κυμάτων ἐμβολὰς τὰς σκέψεις ποιεῖσθαι, ἵν' εἴ ποτε θορυβοίη ὁ δῆμος, μὴ ἐκσταίη.

meditans, 'practising': cp. de Orat. I § 260.

expavescere. This corresponds with the motive attributed to Demosthenes by Plutarch, as quoted above; Cicero's explanation (ut fremitum assuesceret voce vincere, de Fin. v. 2, 5) is perhaps the more credible.—The word occurs in Horace, Livy, Seneca, Pliny, and Suetonius.

§ 31. § 31. **optime**—*optimum esse*: § 33: I § 72 (prave): I § 105 (fortiter): 5 § 13 (rectene and honestene).

ratio delendi: see on 2 § 3: 'erasure,' the 'art of blotting.' A similar periphrasis is *ratio collocandi* § 4. For the purpose of erasure the reverse end of the *stilus* was flat. Hor. Sat. i. 10, 72 saepe stilum vertas (cp. 4 § 1).

nisi forte is not ironical here, as in I § 70: 2 § 8: 5 §§ 6–7.

membranarum. Parchment was called *membrana pergamena* because the industry received its development under the kings of Pergamum.

relatione is here used in the etymological sense of 'carrying the pen back,' or 'to and fro' in supplying it with ink. No other example can be quoted in which this sense (= reductio) occurs.—The MSS. give *crebro relationi*, for which *crebriore elatione* (of 'raising' the hand) has been conjectured. On the other hand *crebro* may be right, adverbs being often used for adjj. in Latin: it would then go closely with *morantur*.

intinguntur, i.e. in the ink (atramentum).

§ 32. § 32. **contra** = ex adverso. Space must be left for corrections and additions opposite to what has been written: there must be blank pages. Cp. *contra* I § 114.

adiciendo, 'for making additions,' comes under the head of the 'dative for work contemplated' Roby §§ 1156 and 1383. So Tacitus constantly uses the dative of gerund or gerundive in a final sense after verbs and adjectives.

Novorum, cp. *subitis* 7 § 30.

confundant: potential. It states a possibility: *faciunt* a fact.

expertus with acc. and infin. is rare.

studiosum: 1 § 45.

alioqui: τὰ μὲν ἄλλα. Cp. 1 § 64.

versuum: 1 § 38.

§ **33. locus . . . loci.** There is negligence in the repetition of the word. By *locus* Quintilian means only 'room,' while *loci* are the different parts of the composition. § **33.**

notentur, 'jot down.'

inrumpunt, 'break in upon us,' with a force that is hard to resist (cp. memoriae sui intentos below).

sensus: 'ideas': 5 § 5: 7 § 6.

interim . . . interim: frequent in Quintilian for *nunc . . . nunc*, *modo . . . modo*.

inventione: 'line of thought.'

optime sunt: § 31 = optimum est eos esse.

in deposito: 'in store,' 'in a place of safety,' i.e. noted down. The phrase is borrowed from the language of law.

§ **1. creditum est**: 1 § 48. The perfect indicates that the opinion was adopted and is still maintained. Hor. Ep. i. 2, 5 cur ita crediderim (= credam): cp. credidi 2 § 20 above. **IV. § 1.**

non minus, sc. quam cum scribit.

replenda . . . deicienda correspond to *adicere . . . detrahere*. This use is suggested by the idea of *levelling*.

premere, 'prune': v. on *pressus* 1 §§ 44, 46.

luxuriantia, 'exuberance': Hor. Ep. ii. 2, 122 luxuriantia compescet.

soluta componere = numeris adstringere verba: 'reducing to metre what is unrhythmical.' Cp. carmen solutum 1 § 31. For *componere*, see on 1 § 44.

exultantia: cp. 2 § 15, where the opposition of *compositi* and *exultantes* shows that the latter denotes the extreme,—the excess of that of which *solutus* is the defect. Cp. Cic. Orat. § 195. The reference is to 'combinations of words producing an undignified, skipping, or dancing movement.'

§ **2. emendandi genus.** Like *vis* and *ratio* (see on 1 § 1), *genus* is used with the gerund to supply the place of a noun (here *emendatio*). § **2.**

in aliquod tempus. Hor. A. P. 388 nonumque prematur in annum: advice to which Quintilian alludes in his dedicatory letter to Tryphon.

recentes fetus: 1 § 16 nova illa velut nascentia: 3 § 7 omnia nostra dum nascuntur placent.

§ 3. **§ 3. finem habet**: there must be a limit. Cp. § 4.

sunt enim: the *increduli* of 3 § 11, &c.

accidit itaque. Livy sometimes has *itaque* in the second place, Cicero never.

cicatricosa, 'covered with sutures': 'patchwork.'

exsanguia: cp. 1 § 115, of Calvus.

cura peiora: cp. Plin. Ep. ix. 35, 2 nimia cura deterit magis quam emendat.

§ 4. **§ 4. lima**: Plin. Ep. v. 10, § 3 perfectum opus absolutumque est, nec iam splendescit lima sed atteritur.

nam: cp. 1 §§ 9, 50. **quod**: see on 1 § 60.

Cinnae Smyrnam. C. Helvius Cinna, a friend of Catullus, was the author of a poem entitled Smyrna (Zmyrna), in which he described the incestuous love of Myrrha for her father Cinyras, the subject being treated in the fashion of the Alexandrian poets.

panegyricum Isocratis, so-called from the fact that it was written for recitation at one of the great *πανηγύρεις* or festal assemblies. It consisted of an appeal to the Greeks to join in an expedition against Persia, under the joint command of Athens and Sparta.

parcissime, sc. dicunt: cp. 1 § 101 ut parcissime dicam. Quintilian seems here to be following Dionysius, who says *ὁ μὲν γὰρ τὸν πανηγυρικὸν λόγον, ὥς οἱ τὸν ἐλάχιστον χρόνον γράφοντες ἀποφαίνουσιν, ἐν ἔτεσι δέκα συνετάξατο.*

elaboratum: 7 § 32.

nullum erit, 'will be of no avail' = non dignum erit cuius ulla ratio habeatur.

V. § 1. **§ 1. ἕξιν**: v. 1 § 1 and note.—The MSS. have *ex imparantibus*: *non est huius* is a conjectural addition.

operis: 'this part of my work,' viz. the present chapter.

materiae. The plural is especially frequent in Quintilian 1 § 62: 5 § 22: 7 § 25.

primo libro: see ch. 9.

secundo: ch. 4.

robustorum: cp. 1 § 130 robustis et severiore genere satis firmatis.

sed: supply *ut explicemus*, or (for an independent clause) *explicandum est.*

de quo nunc agitur: i.e. the avowed object of the Tenth Book: cp. 1 § 1.

copia: 1 § 5. It is the *copia verborum* that is specially meant here.

§ 2. **§ 2. Latinum,** to be taken substantively. Cp. § 4 below, *Latinis*: Cicero, Tusc. iii. § 29.

de Oratore i. § 155.

sua ipse persona: in his own name, and not merely by the mouth of one of the persons of a dialogue, like Crassus in the *De Oratore*. There are no passages in Cicero's extant writings that account for the words *frequentissime praecipit*: cp., however, Brutus § 310, and Marcus Cicero in ad Fam. xvi. 21, 5. The introductions to De Officiis and De Finibus contain Cicero's advocacy of the study of Greek.

libros Platonis atque Xenophontis. Cicero translated, at about the age of 20 years (de Off. ii. § 87) the Oeconomicus of Xenophon: in early life also the Protagoras of Plato, and later the Timaeus.

hoc genere: 3 § 26: and below § 7.

Messallae: v. 1 § 22 and § 113 with the notes.

Hyperidis pro Phryne: Quintilian refers to the well-known story ii. 15, 9. For Hyperides v. 1 § 77, and note.

difficillima Romanis subtilitate. Cp. 1, § 100 cum sermo ipse Romanus non recipere videatur illam solis concessam Atticis venerem. For *subtilitas* cp. 1 § 78, 2 § 19. There is a brachyology in *cum illa . . . subtilitate*: it is difficult to take *subtilitate* with *contenderet*.

§ 3. auctores: see on 1 § 24. **§ 3.**

transferentibus: personal dat. after *licet*.

nostris is predicative = omnia enim quibus utimur nostra sunt. Translation from the Greek leaves us free to choose the best expressions: it is not like translation from Latin (i. e. reproduction or paraphrase), where we must often borrow from our models (optimis occupatis § 5).

figuras. Cp. on 1 § 50. In ix. 1 § 4 Quintilian defines *figura* broadly as 'conformatio quaedam orationis remota a communi et primum se offerente ratione.' Here he refers both to rhetorical and to grammatical figures.

§ 4. multum et ipsa = ipsa quoque . . . multum contulerit, 'even **§ 4.**
paraphrase of itself,' i. e. apart from translation. See on 1 § 31 and cp. § 20 below, 6 § 1 : 7 § 26. Cicero uses *ipse* by itself, or *ipse etiam*: Livy, *ipse quoque*.

contulerit: v. on 1 § 37.

de carminibus has been wrongly taken as referring to Greek poetry. Quintilian is commending exercises in 'reproduction' or 'paraphrase.'

Sulpicius, 1 § 116.

sublimis spiritus: cp. 1 § 27 in rebus spiritus et in verbis sublimitas; § 61 : § 104 : 3 § 22.

orationem : 'prose style.' The fire of the poetry gives elevation to the paraphrase. *Oratio* is used (without prosa) in Cicero for 'prose.'

poetica libertate. Cp. Quintilian's remarks on the study of poetry, i §§ 27–30.

praesumunt. Elsewhere this verb is generally used with a personal reference in the sense of to 'take beforehand' (προλαμβάνω),—with derived meanings. Synonymous are praeripere, praecidere, praecipere (sumere aliquid ante tempus): tr. 'forestal.' Cp. Aen. xi. 18: Ovid, Ar. Amat. iii. 757: and praeclusam § 7 below.—In what follows *eadem* (for the MS. *eandem*) is the only reading that will make sense of a very difficult passage. It might be the nom. pl. (agreeing with *verba*), tr. 'do not at the same time exhaust beforehand the power of using the language of ordinary prose. Even if the words are 'poetica libertate audaciora' the 'facultas proprie dicendi' can secure strength, completeness, and compactness for the reproduction. But *eadem* is better taken as the acc. pl. neut.: 'do not use up beforehand the ability to say the same things in ordinary prose.'

effusa substringere: cp. 4 § 1 luxuriantia adstringere. *Substringere* means to 'gather up' as one does with dishevelled (*effusus*) hair, from which the figure may be taken: Tac. Germ. 38 substringere crinem nodo.

§ 5. § 5. **paraphrasin,** subject: cp. conversio § 4 above. The paraphrase is not to be a mere word-for-word translation. See Ascham's 'Scholemaster,' Book ii.

circa eosdem sensus. The writer is to endeavour to rival his original in expressing the same idea. For *sensus* cp. 3 § 33: *circa* again below § 6 circa voces easdem. See on 1 § 52.

vertere orationes. Till now he has been speaking of *conversio ex carminibus*. It was probably the custom in schools of rhetoric to make pupils give a free rendering (vertere) of passages also from some great oration. Quintilian is defending such practices against the criticism which Cicero, for example, puts in the mouth of Crassus, de Orat. § 154.

una de re. Along with *in eadem materia* below, this shows what freedom Quintilian would allow in such reproductions: cp. non interpretationem tantum, &c. above.

§ 6. § 6. **Nisi forte**: a formula generally used, as in Cicero, to introduce an ironical argument, e. g. i. § 70: 2 § 8.

esto: with acc. and infin. as in Hor. Ep. i. 1, 81 Verum esto aliis alios rebus studiisque teneri. The subj. is more common: Cic. pro Sest. 97 esto (est) . . . ut sint.

par . . . proximis: cp. 1 § 127 pares ac saltem proximos. With *proximis* understand 'illis quae dicta sunt.'

§ 7. **An vero**: see on 3 § 29. § 7.

et quidem: see on § 34, and cp. Plin. Ep. i. 12, 1 decessit Corellius Rufus, et quidem sponte.

nisi forte: v. on § 6 above. For such repetitions see 2 § 23, and note.

uno: supply *tantum*, as in 1 § 91 hos nominavimus. For genere (=ratione, modo) cp. 3 § 26.

fas erat. With verbs expressing possibility, duty, necessity, convenience, intention, &c. the indicative is often used in the apodosis when the verb in the protasis is subjunctive.

plurimae . . . ducunt. The expression seems proverbial: cp. 'All roads lead to Rome.'

§ 8. **oratio recta.** See on 1 § 44 rectum dicendi genus: the op- § 8.
posite is *oratio figurata*, or *figura declinata* (1 § 12).

figura is ablative, the phrase being equivalent to *figurata*: 1 § 50.

commendat: v. 1 § 101.

tractamus: cp. repetamus autem et tractemus 1 § 19.

§ 9. **numerosissime**: not merely 'as often as possible' (saepis- § 9
sime), but 'in every possible variety': cp. aliae aliaeque formae, below. But Quintilian also uses the word in its Ciceronian sense, 'rhythmically,' 'harmoniously.'

eadem cera: Cic. de Orat. iii. § 177 sed ea nos . . . sicut molissimam ceram ad nostrum arbitrium formamus et fingimus. Pliny Ep. vii. 9, 11.

aliae aliaeque, 'first one and then another': of a continuous succession: cp. quam numerosissime, above. With this exception, Quintilian consistently prefers the Ciceronian *atque* in such expressions, instead of the enclitic.

duci; 3 § 18.

§ 10. **illa . . . diversitate.** The less complicated the subject, § 10.
the more will the orator have to depend on his own resources: with the *diversitas* that characterises actual pleading, where the speaker must have regard to every feature of the case, want of original talent or poverty of invention (infirmitas) can easily shelter itself behind a crowd of details.

causarum, 'circumstances': opp. to *personarum*, as *loca* to *tempora*, and *facta* to *dicta*.

§ 11. **fundere**: cf. *fusus* 1 § 73. The word = dilatare, copiosius § 11.
et latius efferre. So *latum atque fusum* is opp. to *contractum atque submissum* xi. 3, 50.

augere parva. Isocrates is said to have defined rhetoric as that which τά τε μικρὰ μεγάλα, τὰ δὲ μεγάλα μικρὰ ποιεῖ.

expositis: 'common-place,' 'trite.' Iuv. vii. 53.

In hoc: cp. 2 § 5. It denotes the end or aim, like *ad hoc*. For this use of *facere* cp. 1 § 33 bene ad forensem pulverem facere: 7 § 4 quid porro multus stilus . . . facit?

infinitae quaestiones quas vocari theses diximus. The division of the subject-matter of oratory into questions of the universal kind, 'general problems,' and questions of a special kind, 'particular problems' is familiar in ancient rhetoric. The former were abstract, and had no specified relation to individual persons or circumstances: the latter were concrete, involving a reference to actual persons and circumstances. See iii. 5, 5 *sq.* Infinitae (sc. quaestiones) sunt quae remotis personis et temporibus et locis ceterisque similibus in utramque partem (i. e. affirmatively and negatively) tractantur, quod Graeci θέσιν dicunt, Cicero propositum. Finitae autem sunt ex complexu rerum, personarum, temporum, ceterorumque quae ὑποθέσεις a Graecis dicuntur, causae a nostris. In his omnis quaestio videtur circa res personasque consistere.

Cicero. It was considered one of his strong points that he could rise from the special instance to the higher ground of the general principle: Brutus § 322. He writes to Atticus in 49 B. C. (ix. 4, 1) Ne me totum aegritudini dedam, sumpsi mihi quasdam tanquam θέσεις: cp. ib. 9, 1 θέσεις meas commentari non desino. Among his θέσεις we may probably reckon the Paradoxa.

§ 12. § 12. **confinis**, frequent in this figurative sense in Quintilian: not in Cicero.

destructio . . . confirmatio correspond respectively to ἀνασκευή (refutatio) and κατασκευή (probatio). Cp. ii. 4, 18 Narrationibus non inutiliter subiungitur opus destruendi confirmandique eas, quod ἀνασκευή et κατασκευή vocatur. Quintilian here transfers to judicial findings the language applicable to *narratio*, as above: *sententia* = a judicial sentence, and is synonymous with *iudicium*.

loci communes: 'general arguments,' 'common-places,' i. e. topics for argument on all sorts of matters. Cicero defines them de Invent. ii, 48 sq. haec argumenta, quae transferri in multas causas possunt, locos communes nominamus: cp. de Or. iii. § 106, and see Cope's Introd. to Arist. Rhet. p. 130.

ab oratoribus: e. g. Cicero and Hortensius, ii. 1, 11. Aristotle made *loci communes* the subject of his τοπικά, in eight books, and it was the substance of this treatise that Cicero reproduced in his 'Topica.'

haec recta . . . in illis, &c. The opposition here is between the simple themes which deal with the general and abstract and do not diverge into the special and the digressions involved in the 'multiplex personarum causarum temporum locorum dictorum factorum diversitas,' referred to in § 10. The two form the duo genera causarum of de Orat. ii. § 133 unum . . . in quo sine personis atque temporibus de universo genere quaeratur; alterum, quod personis certis et temporibus definiatur.

utique, 'without fail,' 'necessarily': common in this sense in Cicero's letters. In Quintilian it is very frequent, especially in stating a consequence: cp. 1 § 24 and note.

in illis, i. e. the great majority of causes.

plures excursus recipientibus, i. e. that admit of various digressions, and are susceptible of various applications according to circumstances, persons, place, time, &c.

in omnes causas paratus: for the constr. cp. Tac. Dial. 41 inter bonos mores et in obsequium regentis paratos. So too 1 § 2, above, paratam ad omnes casus . . . eloquentiam.

generalibus quaestionibus. Cp. iii. 5, 9 Hae autem, quas infinitas voco, et generales appellantur: quod si est verum, finitae speciales erunt. In omni autem speciali utique inest generalis, ut quae sit prior.

§ 13. **C. Cornelius** was tribune in B. C. 67, when he proposed a law to make all loans that should be lent to foreign ambassadors non-actionable. The rejection of this proposal prompted the tribune to bring forward the rogation here referred to,—ne quis nisi per populum legibus solveretur. When the bill was to be read, a colleague, P. Servilius Globulus, acting in the interests of the senate, interposed his veto, and forbade the herald to make the proclamation which he would otherwise have done in the form dictated by the clerk. Thereupon Cornelius himself read the draft of the proposed law (codicem). A riot ensued, and the meeting was broken up. Cornelius was impeached by P. Cominius for having disregarded the veto of his colleague, and was defended by Cicero (Brutus § 271), who delivered the two speeches of which we have a few important fragments. § 13.

reus sit. The subjunctive is motived only by the double interrogation, so there is no need for the conjectural emendations *rectene reus sit, quaeramus an,* &c. In the direct speech the *finita* or *specialis causa* would run, C. Cornelius. . . reus est: it is put in the form of a positive statement. The *infinita causa* on the other hand is stated in the form of a question, and this form is maintained in both the *finitae* and the *infinitae quaestiones* that follow.

oporteatne . . . interfici. This is the line taken in the Pro Milone, for which cp. 1 § 23.

Cato Marciam, &c. Marcia lived with Hortensius from 56 to 50 with the consent both of her husband and her father, and then went back on the death of Hortensius to Cato.

rebus=rebus generalibus i. e. general questions, principles. *Oporteatne* and *conveniatne*, above, give the special questions treated *quaestiones infinitae*.

§ 14. § **14. Declamationes,** 2 § 12. Quintilian defines them ii. 4, 41 fictas ad imitationem fori consiliorumque materias. This sense of the word came in about the end of Augustus's reign, though the thing was known to Cicero, de Orat. i. § 149. Cp. note on *declamatoribus* 1 § 71.

ad veritatem accommodatae. That they were by no means always so may be seen from Tac. Dial. 35 Quales per fidem et quam incredibiliter compositae!

orationibus—real speeches made in court.

profectus: abstract for concrete: cp. facilitatem 3 § 7: initiis 2 § 2.

pariter: i. e. simul cum elocutione, this last being the most important element in such rhetorical exercises.

consummatus, sc. adolescens, or rather iuvenis: as though *adulescit profectus* above had been *adulescens proficit. Consummatus* is frequent in Quintilian, also in Seneca, Martial, and Pliny the younger: the Ciceronian equivalent is *perfectus*.

velut pabulo laetiore. Livy has in the ordinary language of prose 'ut quiete et pabulo laeto reficeret boves' i 7, 4. *Laetus* is frequently used in Vergil of rich vegetation: and in Lucretius 'pabula laeta' occurs six or seven times with armenta, arbusta, vineta.

§ 15. § **15. historiae ubertas.** Cp. 1 § 31.

in aliqua . . . ponenda: 'should be introduced in some part of our written exercises.'

dialogorum libertate gestiendum: 'we should indulge ('let ourselves out') in the easy freedom of dialogue.'

ludere is used of poetry in all the Latin poets, especially of love poetry: e. g. Ovid, Tr. i. 9, 61 : Catullus l. 2 : Hor. Car. i. 32. Even in prose it is used of light writings thrown off in sport.

contrarium=alienum, inconsistent with one's aim, 'inapposite.' So Tacitus, speaking of the unpractical character of the rhetorical theses in the schools of declamation, says 'ipsae vero exercitationes magna ex parte contrariae,' Dial. 35.

sicut athletae: for this frequently recurring comparison see on 1 § 4.

ciborum . . . certa necessitate. Epictetus uses ἀναγκοφαγέω and ἀναγκοτροφέω for eating by regimen like athletes in training

§ 16. **studiorum secessus**: the 'byeways' of study, remote from the *adsidua contentionum asperitas* referred to above. Cp. 3 §§ 23 and 28. § 16.

durescat articulus keeps up the figure of athletic contests. *Articulus* is properly a little limb: then especially the finger.

cotidiana pugna retundatur: cp. 1 § 27 velut attrita cotidiano actu forensi ingenia.

§ 17. **quem ad modum . . . sic.** The two clauses are parallel. *Ut* . . . *ita* would have been more usual, e.g. 3 § 28: sicut . . . ita 1 § 1. § 17.

quasi militantes: 1 §§ 29, 31, 79.

haec velut sagina dicendi: 'this rich food of eloquence.' Cp. iucundioribus epulis § 15 above: gladiatoria sagina Tac. Hist. ii. 88.

falsa rerum imagine, i.e. the declamations, which in contrast with the reality of 'forenses actiones' are mere shams: cp. note on ad veritatem accommodatae § 14. Cp. 2 § 12 above.

ab illa . . . umbra: i.e. in coming out of it. Juvenal vii. 173 ad pugnam qui rhetorica descendit ab umbra. For *ab* in sense of *post* cp. Livy xliv. 34 ab his praeceptis contionem dimisit.

umbra . . . solem. The shady retreat of the school is constantly compared with the dust and sun of real life. Cicero, Brut. § 37.

§ 18. **Quod . . . ut.** The pronoun is here used pleonastically, to lead up to the dependent clause. Cp. 1 § 58. § 18.

Porcius Latro, a celebrated rhetorician in the reign of Augustus, the friend and compatriot of the elder Seneca, who praises him greatly. Of his pupils Ovid was the most distinguished.

professor is post-Augustan: it was used of a public teacher of rhetoric, and then acquired a more extended sense. *Profiteri* with acc. is quite Ciceronian: the introduction of *professor* was helped by the fact that the verb came to be used absolutely (ἐπαγγέλλεσθαι): Plin. Ep. iv. 11, 1 audistine Valerium Licinianum in Sicilia profiteri?

opinionem = existimationem, famam, with which it is often joined. For this absolute use cp. 7 § 17 below, fructu laudis opinionisque: so too Tac. Dial. 10 opinio et fama.

subsellia . . . transferrentur, 'that the court should remove.' For this general sense of *subsellia* cp. Cic. Brutus § 289 subsellia grandiorem et pleniorem vocem desiderant. The word sometimes means the bench of judges, sometimes the seats of the lawyers, suitors, witnesses, &c., and sometimes both.

basilicam. The basilicae erected in or near the forum served as courts of justice as well as places for merchants and business people to meet in.

§ 19. § **19. inveniendi eloquendique** covers briefly the whole field of theoretical rhetoric.

apud maiores. So Cicero tells us in Brut. ch. 89 how he sought every opportunity of hearing the distinguished speakers of his day. Tac. Dial. 34.

iudiciis intersit: Cic. Brut. § 304 cui (iudicio) frequens aderam.

§ 20. § **20. et ipse**: frequent in Livy, like ipse quoque = καὶ αὐτός. Cicero uses ipse, ipse etiam (etiam ipse). Cp. on § 4: 7 § 26.

utrimque: 1 § 22.

decretoriis, sc. armis, 'decisive' or 'real weapons': Seneca, Ep. 117, 25 remove ista lusoria arma, decretoriis opus est. So also in Suetonius and Pliny. Cp. Tac. Dial. l. c. 'ferro non rudibus dimicantes.'

diximus: 1 § 23, where see note.

rescribere: ἀντιγράφειν. Tac. Ann. iv. 34, of Caesar's 'Anti-cato,' Ciceronis libro . . . dictator Caesar . . . rescripta oratione velut apud iudices respondit. The word is common in this sense in Suetonius.

Cestius. L. Cestius Pius taught rhetoric at Rome towards the end of the Republic and in the beginning of the empire. His hostile criticisms of Cicero were avenged on him by Cicero's son.

§ 21. § **21. per totas ire materias.** This use of the prep. after *ire* with an acc. of extent over which speech, thought, or feeling travels, is poetical (Aen. i. 375) and post-classical: Tac. Dial. 32. 8.

favorabilia, 'popular'; frequent in Quintilian, who also has *favorabiliter*. The word is first found in Velleius, also in Seneca, Tacitus, Pliny, and Suetonius.

quod secundo loco posui, i. e. the practice of treating a subject thoroughly: per totas ire materias. What he recommends *primo loco* is given in §§ 19–20.

classium: not used in this sense before the Silver Age.

persuasio: frequent in this sense in Quintilian. The interference of parents is commented on also in ii. 7, 1.

§ 22. § **22. primo . . . libro**: i. 2, 15.

recidet. Hor. A. P. 447 ambitiosa recidet ornamenta: Sat. 1. 10, 69 recideret omne quod ultra Perfectum traheretur.

laxabit, &c.: 'he will either extend the period within which speaking is compulsory, or allow the pupil to distribute his matter over several days.'

dicendi necessitatem: cp. ciborum atque exercitationum certa necessitate § 15, above. This would break in on the 'consuetudo classium certis diebus audiendarum' referred to in § 21.

materias dividere, i. e. he will allow the subject to be treated of in parts on successive declamation days.

§ **23. degustatae**: cp. genera degustamus 1 § 104; the word means 'dip into,' 'skim over.' **§ 23.**

propter quod: see on 1 § 66. The idea contained in the relative is the superficial methods alluded to in *degustatae*: cp. facillima et maxime favorabilia decerpunt § 21. When such methods are adopted, says Quintilian, everything is sure to go wrong.

servent suam legem: the commencement goes beyond reasonable limits, as the young men crowd together in the part each is to deliver the embellishments that would naturally be distributed throughout the whole (omnium partium), if the production were *diligenter effecta* and not merely *inchoata et quasi degustata.*

flosculos. The word is always used in the depreciatory sense, ii. 5, 22.

timentes: the fear that they will not be able to finish makes them introduce into the earlier parts inapposite and confusing embellishments.

priora confundant = permisceant ea rebus alienis, i. e. with the ornamentation that would have been more appropriate later on.

§ **1. stilo**: see on 1 § 2. **VI. § 1.**

cogitatio, 'premeditation': cp. *commentatio* ('preparation') and *meditatio.* Cp. 7 § 8: Cic. de Or. 1 § 150: Brutus § 253.

et ipsa: 'likewise' i. e. as well as the *facultas ex tempore dicendi*, which, as stated in 3 §§ 1–4, derives its strength mainly from the pen. See on 1 § 31.

extemporalemque fortunam: 'the chances of improvisation,' which depends so much on the inspiration of the moment (fortunam opp. to laborem): = 'fortunam quam ex tempore dicentes experimur.' Cp. §§ 5, 6: and 7 § 13 successum extemporalem. *Extemporalis* is found also in Tacitus and Petronius.

nescio an: see on 1 § 65.

somnus: cp. 3 § 25.

rerum actus, as inter ipsas actiones xii. 3, 2, 'in the midst of legal proceedings,' and so rather more special than *actum rei* 1 § 31, where see note.

otium : 'inactivity.' A good advocate will be able to think of a speech even while a trial is going on.

§ 2. § **2. satis erat** : see on 5 § 7 fas erat.

intra se ipsa, 'by itself': there is no need for any recourse to writing. In such expressions the tendency is to keep *ipse* in the nominative so as to emphasise the subject. Cp. 5 § 2 : 3 § 30.

scribendi securitate. Cp. the story of Theuth and Thamus, Phaedrus 274 sq., esp. 275 A *τοῦτο γὰρ τῶν μαθόντων λήθην μὲν ἐν ψυχαῖς παρέξει, μνήμης ἀμελετησίᾳ, κ.τ.λ.* Reliance on written memoranda, says Quintilian, may in the end make the mind incapable of retaining by a special effort what can be at any time recalled by a glance at the paper.

vim cogitandi : see on vim dicendi 1 § 1. For the thought cp. 3 § 9.

§ 3. § **3. forma**, a pattern, model, or ideal: we must 'form our style' by constant writing, and attain to the ease described in 3 § 9. For *facere formam* cp. 3 § 28 *faciendus usus.*

in illum locum : memory is treated in xi. 2.

§ 4. § **4. pervenit**, sc. vis, just as in 7 § 19 facilitas extemporalis is generally supplied.

ei . . . fidem servent : 'keep their faith with him,' i. e. are as much at his command when he comes to speak as, &c.

certe, for *quidem*, introducing an illustration.

Metrodorus of Scepsis in Mysia, a philosopher of the Academic school, and a pupil of Carneades.

Empylus is nowhere else mentioned.

Hortensium : Brut. § 301.

ad verbum. Cp. Plin. Ep. ix. 36, 1 cogito ad verbum scribenti emendantique similis.

§ 5 § **5. si . . . aliqui** : see on 2 § 23.

extemporalis color, a sudden inspiration, or 'happy thought': the notion of suddenness being contained in *offulserit. Color* must carry the idea here of something that 'sets off' the subject,—an unpremeditated turn of expression, embodying a thought which suddenly flashes on the speaker's mind. Others take it as the abstract for 'id quod habet colorem extemporalem' (dictorum ex tempore) : a thought or expression which suddenly occurs, and which has on it the mark of improvisation. Cp. 'extemporalem fortunam' § 1, and 'scriptorum color' 7 § 7, which presents a sort of antithesis to 'extemporalis color': also 1 §§ 59, 116 with the notes.

demum : see on 1 § 44.

habent, sc. cogitata. What we 'premeditate' is not so accurately thought out as to leave no room for extemporary suggestion (fortuna, cp. on § 1).

scriptis: even in *written* speeches, on which a greater degree of *cura* has been bestowed, sudden inspirations (subito nata) are often introduced during delivery.

§ 6. domo adferre: 'bring from the study'; cp. 7 § 30 quae domo adferunt. **§ 6.**

refutare = repudiare, 'reject,' 'despise,' the inspirations of the moment (temporis munera).

in hoc: see on 5 § 11.

decipere: 'nonplus' or embarrass us, make us to stumble. The chance opening must not find us unequipped with well-shaped thoughts: we must be ready to improve our opportunity.

non . . . non sinant. The double negative hampers the clause, though it is simplified by making *non sinant* = *prohibeant*: cp. Cic. pro Mil. § 2. It seems best to repeat the *ut* before the first *non*. Tr. 'It is by our powers of memory that we must secure the easy flow of what we have formulated in thought, instead of letting it keep us from looking ahead by anxious backward glances and the consciousness of being absolutely dependent on what we can recall to mind.'

extemporalem temeritatem, 'the rashness of improvisation': cp. § 1 above. Tac. Dial. 6 Sed extemporalis audaciae atque ipsius temeritatis vel praecipua iucunditas est. For *alioqui*, cp. on 3 § 16.

§ 7. Peius enim quaeritur retrorsus: 'we are at a disadvantage in looking back.' It would be better to throw over our premeditated ideas altogether: while we are at a loss for them (illa) we miss others. **§ 7.**

utrimque, i.e. ex memoria and ex materia: cp. 1 § 131 and 5 § 20. To the former corresponds chiastically *quae inventa sunt*, to the latter *quae inveniri possunt.*

§ 1. civilibus officiis: see note on 3 § 11. **VII. § 1.**

renuntiabit . . . convertet: the future as a mild imperative. Cp. 1 §§ 41, 58: 3 § 18.

in publicum, 'to all comers.' The phrase is formed on the analogy of such expressions as 'in publicum,' 'in commune consulere.'

intrare portum. The infin. depends on *convenit*, though it has been proposed to take it after *polliceri*. For a similarly abrupt introduction of a figure in connection with, or to illustrate, the preceding thought cp. 1 § 4: 3 § 10. The meaning is generally understood to be that the advocate who undertakes legal business, though he has no power of extempore speaking, is as unconscionable as the pilot (cp. the simile in § 3) who engages to steer a ship into a harbour that can only be approached in mild weather. For the comparison, cp. Seneca, Epp. 85, 31.—*Intrare* may, however, be corrupt: among conjectures are *monstrare*, *parare*.

§ 2. § 2. **siquidem**, εἴγε, εἴπερ, § 27 below, and often in Quintilian. Even in Cicero it is found (like *quoniam*) stating a reason known to all.

apud magistratus: in virtue of some extraordinary procedure, and without the day having been appointed for the parties to the suit.

repraesentatis: 'when a trial is suddenly brought on.' Cp. pecuniam repraesentare = ante diem solvere.

cuicumque. See on 1 § 12 quocunque.

petentibus . . . perituris: dat. of interest, after *quaeret*.

statimque. *Statim* goes with *succurratur*, rather than with *perituris*: its position gives it emphasis. For the order cp. ix. 2 14 nam serio si fiat, pro confessione est.—If it had been meant to go with *perituris* we should probably have had *nisi* succurratur.

secessum et silentium: 3 § 28.

illa verba, ironical: illa tam egregia verba.

vox ac latus ('lungs'): often conjoined. Cp. Cic. Verr. iv. 30, 67 quae vox, quae latera: Brut. § 316. For *latus* cp. Hor. Ep. i. 7, 26: xii. 5: Sat. i. 9, 32.

§ 3. § 3. **ratio**: 'theory' of eloquence. Cp. 3 § 15, where it is opposed to *exercitatio*.—Others explain as = *ratio non patitur*, like *ratio non est*, *nulla ratio est*, there is no reason or sense in doing, &c.

quisquam . . . orator: cp. 2 § 6.

omittere casus: 'to leave sudden issues out of consideration,' i. e. to conduct his case strictly according to the lines of a written or premeditated speech, without allowing for the emergence of some unexpected fact in the evidence, or some difficulty suddenly raised by the other side.

fallunt: when the opposing counsel does not pursue the line of argument we had anticipated, and against which we had prepared a written speech.

ad incursus: see on 2 § 1 ad exemplum.

§ 4. § 4. **longa studiorum aetas**: i. e. longum tempus in studiis consumptum. Cp. Hor. Sat. i. 4, 132.

malit . . . possit: sc. orator. For such omissions see note on congregat 1 § 7: and cp. quaerant § 6 and dicat § 25 below.

§ 5. dicendi via: the method, pathway, or track of the argument. § 5.

neque enim, &c. The reason is given in the form of a simile: we cannot run a race without knowing the goal and the track, and it is the same with eloquence. For a similar figure cp. 3 § 10.

partes: i. e. prooemium, narratio, probatio, refutatio, epilogus.

§ 6. via dicet: 'methodically,' 'systematically,' cp. dicendi via § 5. So ii. 17, 41 via id est ordine: Cic. Brut. § 46. Roby 1236. § 6.

velut: see on 1 § 5. It softens the expression *serie* (*velut*) *duce*, being equivalent to 'ut ita dicam.' The collocation *ducetur* ... *duce* is to be classed among the rather negligent repetitions of which a list is given on 2 § 23.

propter quod: see on 1 § 66: 5 § 23.

quaerant, 'look for as matter of discourse,' as 6 § 7. The occurrence of *homines* in the interval leads up from the singular *quisquis* to the plural.

sensibus: see on 3 § 33.

confundent ex diversis: 'make it a jumble of incongruities.'

§ 7. citra: see on 1 § 2. § 7.

divisionem: 'here the distribution of the matter of the speech both into the general divisions and subordinate heads, and also into the minuter passages and sentences; their order constituting the *via dicendi*.' Frieze.

Expletis ... quae proposuerint: 'when they have overtaken all the points advanced,' exhausted the various heads of their discourse.

haec quidem, &c. The meaning is that while the observance of the foregoing precepts (haec) depends on knowledge of theory (ars), as embodied in specific rules and directions, what is now to come (illa) demands *studium*, i. e. scientific exercise, applied to reading, imitation, writing, and the practice of speaking (cp. 1 § 1). The precepts in regard to reading and imitation (quemadmodum praeceptum est) are found in chs. i and ii: writing is covered by chs. iii, iv, and v: while speech is dealt with in the present chapter.

fideli stilo, the 'conscientious practice of composition.'

scriptorum colorem: see 6 § 5.

cum multa scripserimus. The practice of speaking (including extempore utterance) is to come *after* writing: cp. 1 § 3 sq.

§ 8. consuetudo et exercitatio, referring only to the last-mentioned precept, *ut multa dicamus*. § 8.

velocitas illa. The demonstr. is vivid,—'the requisite rapidity,' that which we either have acquired or hope to acquire.

os coit atque concurrit. Cp. xi. 3, 56 est aliis concursus oris et cum verbis suis colluctatio: ib. § 121.

mobilitate animi: cp. § 22. His mind must be quick of movement in order to express properly what is to be said on the instant, and must at the same time be shaping what is further on. Tr. *proxima*, 'what we are about to say': *nostram vocem*, 'what has just been said.' For *provisa* cp. on 3 § 10.

§ 9. § 9. **ratio**, cp. note on § 3.

quae dicit, sc. 'orator,' as with *sufficiat* 'animus' must be supplied. Cp. on § 4.

vocis gestus. See 1 § 17 for a similar enumeration, and cp. the note.

una = simul, which indeed Halm substitutes for it in his text.

§ 10 § 10. **intentio**: cp. intendunt animum 1 § 24.

prae se res agat. The mind must pursue or chase, as it were, the ideas that are still in front of it, and have them available in advance.

consumitur . . . prorogetur: expressions derived from banking transactions. 'In proportion as the speaker pays out, must he make advances to himself out of what is to come later.' *Ex ultimo* has been understood to mean *ex eo quod modo dictum est*: but it must mean 'from the part of his subject-matter that remains.' The speaker is to be continually drawing from his reserve funds just so much as he is expending in delivery. Cp. ex proximo mutuari 1 § 13.

si non . . . eiecturi sumus: 'if we want to avoid coming to a standstill, stuttering, and giving forth our short, broken phrases, like persons gasping out what they have to say.'—For *offensantes* cp. *offensator* 3 § 10: and for *brevia illa* 2 § 17 illud frigidum et inane.

§ 11. § 11. **inrationalis**: 'mechanical,' 'unscientific.' For the opposition between τέχνη and τριβή ('knack') see Plato, Phaedrus 260 E: Gorgias 501 A: ib. 463 B.

manus . . . decurrit. Cp. Cic. de Orat. ii. § 130 neque enim quotiens verbum aliquod est scribendum nobis, totiens eius verbi litterae sunt cogitatione conquirendae.

versus: see on 1 § 38.

flexus . . . et transitus. These words are generally taken in their literal sense; but the rendering 'turns and transitions' seems not sufficiently to explain the passage. May *flexus* not refer here to the modulation of the voice, as frequently in Quintilian (i. 8, §§ 1–2), and *transitus* to the punctuation which marks the passage from one clause to another? In reading the eye takes in all this in advance. Tr. 'observe the intonations and the stops.' For *eorum*, Mr. Purser suggests *vocum*.

dixerunt, sc. lectores,—before the reader has articulated (to himself) what comes first, the eye runs on to what follows. For the change of subject cp. § 9.

miracula = *θαύματα*, 'conjuring-tricks.'

pilariorum ac ventilatorum: 'jugglers and professors of legerdemain.' For the former (who resembled the Indian juggler) see Rich's Dict. Ant. s. v. The *ventilator* was one who winnowed grain with the *ventilabrum* (see Rich. s. v.), and so is generally taken here of a juggler 'tossing his balls into the air as the winnower does his corn'; but looking to the use of *ventilare* for to 'conjure away,' I prefer Professor Key's explanation of the word, 'a juggler, as affecting to toss things away with an *οἴχεται*, or with a puff of breath.' The genitives are to be referred to *scaenis*, not *miracula*.

ut ea: for this constr. see on I § 58.

in manus. The commentators are wrong in taking this of the hands of the spectators. The balls return to the hands of the performers themselves. *Qua* sc. *via*.

§ **12. ita . . . si**, in a limiting sense (= ita demum si), 'only so far as.' In this restrictive sense *ita* is more commonly followed by *ut*, in Cicero: sometimes by *cum*. § **12.**

locuti sumus, i. e. in §§ 5–7.

quod . . . non habet: cp. § 11 usus inrationalis, where there is no consciousness of method.

in ratione versetur = arte, artis et rationis praeceptis contineatur. Though mechanical through habit, it should be based on method and rational principle.

nisi qui, &c. Cp. Cic. de Orat. I § 48 Sin oratoris nihil vis esse nisi *composite ornate copiose* loqui, &c. The first refers to *collocatio*, the second to *elocutio*, and the third to *inventio*.

tumultuari, to 'rant.'

§ **13. fortuiti sermonis**, 'random talk.' § **13.**

contextum = continuam orationem, cp. § 26. The word denotes mere continuity of speech, a mere train of words.

cum eo quod, 'with this consideration that,' connects in a loose manner with what goes before: 'and this I say with the addition that,' &c. The usual explanation is 'with the exception or limitation that,' &c.; as (with *tamen*) Cic. ad Att. vi. 1, § 4 sit sane, quoniam ita tu vis, sed tamen cum eo, credo, quod sine peccato meo fiat. But Quintilian is not 'taking back' what he has said in 'nec mirabor': he is going on to add what is really an independent statement. Other uses of *cum eo quod* occur ii. 4. 30.

spiritus: see on 1 § 27.

tulit. For *ferre* used absolutely, cp. 3 § 7 si feret flatus, and such phrases as 'si occasio tulerit.' Others supply *aliquem*, comparing 1 § 110.—For the perfect, used like the Greek aorist to denote repeated occurrence, cp. refrixit 3 § 6, and accessit . . . restitit § 14 below.

ut . . . possit—that the success of such impromptu speaking is not attained by study and premeditation (cura).

§ 14. **§ 14. ut Cicero.** No such saying can be found in Cicero's extant works: cp. however de Or. 1 § 202.

ratio manifesta est: cp. 5 § 3.

bene concepti adfectus, 'emotion profoundly felt': v. on § 15.

recentes rerum imagines, 'fresh,' 'vivid' conceptions, or ideas: a lively imagination.

continuo impetu feruntur: 'sweep along in uninterrupted course.'

refrigescunt, cp. 3 § 6, and § 33.

utique: see on 1 § 20.

infelix . . . verborum cavillatio: of the morbid carping self-criticism spoken of in 3 § 10: 1 § 115. For *infelix* see on 1 § 7.

non potest ferri contorta vis: 'there can be no energy in the swing,' a figure taken from the discharge of missile weapons, such as the sling and the javelin.

ut = though.

continua . . . composita, 'the style is not all of one pattern, but rather a patchwork,'—it does not flow on spontaneously, but is elaborately put together. The subject *oratio* must be supplied out of the context: cp. § 26, and 1 §§ 7 and 29. Cp. 'corpora continua' and 'composita' in Sen. Ep. xvii. 2, 6 (102),—'organisms' and mechanical fabrics.

§ 15. **§ 15. de quibus dixi.** Cp. vi. 2, 29 Quas φαντασίας Graeci vocant (nos sane visiones appellemus) per quas imagines rerum absentium ita repraesentantur animo ut eas cernere oculis ac praesentes habere videamur, has quisquis bene conceperit is erit in adfectibus potentissimus.

in adfectus recipienda, sc. that emotions may thereby be excited which shall find expression in what we say. The intensity of these emotions will depend on the vividness of the images in the mind.

pectus: 'feeling.'

§ 16. **§ 16. Tum** ('further'), if allowed to stand, does not introduce a help to oratory, like *pectus* above (cp. si modo sunt aliquo adfectu concitati), and 'addit ad dicendum etiam *pudor* stimulos' in the following sentence. The words from *pectus est enim* to *verba non desunt* form a parenthesis, and *tum intendendus* resumes the previous recommendation, *omniaque de quibus dicturi erimus . . . recipienda.* This is clear from the correspondence of participles, *capiendae . . . habenda . . . recipienda . . . intendendus.*—Perhaps however we should read *tamen*, with some MSS.

continuas, here of things that 'hang together': tr. 'in an orderly sequence.'

circa, 'on either side.'

pudor = 'amour-propre.'

stilus secreto: 3 § 23 sq.

congestu signorum: the 'crowded standards,'—of the moment when the legion is about to advance, and the standard of every company is set in motion at the same time.

§ 17. **difficiliorem**—thought that labours, is slow to find utterance. **§ 17.**

expellit, stronger than *exprimit*: cp. 3 § 6.

secundos impetus, 'the favourable glow,'—the 'élan' so helpful for the expression of thought.

quamquam, with subj. 1 § 33.

opinionis, 'reputation,' the favourable estimate which others form of us: see on 5 § 18 and cp. § 24 below.

§ 18. **id**, the faculty of improvisation. **§ 18.**

praecepimus: 6 § 3.

§ 19. **debet.** The subject generally supplied is 'facilitas extemporalis': cp. 6 § 4. But it is better to supply a personal subject (as 1 § 7: 2 § 24: 7 §§ 4, 25),—'the orator,' 'the budding rhetorician,' or even τις. **§ 19.**

non utique: 'not of course,' 'not necessarily.' See on 1 § 20.

cum . . . sint. It has been proposed to read *cum . . . sunt* here: cp. *tradiderunt* 2 § 6. But here *cum* is more or less causal: there it is antithetical. The meaning is 'He who wishes to acquire *extemporalis facilitas* must consider it his duty to arrive at the point where . . . seeing that many,' &c.

prosa (adjective): see on 1 § 81.

Antipater, of Sidon, an Alexandrine poet, cir. B.C. 135. Cic. de Orat. iii. § 194.

Archias. Cic. pro Arch. 8 § 18.

non quia . . . non. For the subjunctive, cp. § 31, below. *Credendum enim Ciceroni est* is to be bracketed as a parenthesis of the writer's to Antipater Sidonius and Licinias Archias,—examples which give the motive for the half apology *non quia*, &c. Tr. 'though I do not wish to be understood to mean that,' &c.

quod . . . ipsum. 'This accomplishment in itself,' viz. facilitas ex tempore carmina fingendi.

in hanc spem = huius in rei spem. Cp. 3 § 2 sine hac conscientia.

§ 20. § **20. non . . . saltem**: see on 2 § 15.

didicerit. In acquainting himself with the facts of a case, and considering (however briefly) the principles applicable to it, the judicial pleader has always some little time to think over his speech.

§ 21. § **21. Declamatores**: see on 1 § 71.

ambitio has a sinister meaning here and elsewhere in Quintilian, and generally in the Silver Age. In its Ciceronian use the word = popularis gratiae captatio ad adipiscendos honores.

exposita controversia, 'as soon as the question is stated.'

frivolum, 'a trumpery thing,' a word characteristic of the Silver Age.

scaenicum, 'theatrical.' On the stage, actors often start off with such a 'cue.'

qui stultis, &c. Cp. Cic. de Or. i. § 221, with Reid's note in Wilkins' edition. So in Pope's Dunciad, 'A wit with dunces and a dunce with wits.'

§ 22. § **22. vis omnis intendenda rebus.** Cp. Cato's golden rule for the speaker, rem tene verba sequentur: Cic. de Or. ii. § 146: iii. § 125: Hor. A. P. 311.

non dabitur, cp. § 29: Verg. Aen. i. 408 cur dextrae iungere dextram non datur?—But *consequi* may be a gloss, in which case *utrumque* must = vim omnem et rebus et verbis intendere.

suspensa . . . dubitans: a 'slow and deliberating style of speaking.' Tac. Ann. i. 11 of Tiberius, suspensa semper et obscura verba.

§ 23. § **23. hoc,** sc. fieri potest.

dum egredimur, &c. As in § 1 the simile takes the place of the main thought without any word of introduction: cp. athleta 1 § 4.

simul. The juxtaposition of *simul* and *euntes* reminds us of the Greek constr. of ἅμα with a participle = ἅμα πορευόμενοι.

aptabimus . . . optabimus, an example of Quintilian's negligent style. So *aptatis . . . aptabimus.*

§ 24. § **24. ars**: cp. on § 7.

non elabitur. *Elabitur* is Kiderlin's improvement on the traditional *labitur.* Cp. de Orat. ii. § 109 ante enim praeterlabitur (sc. definitio) quam percepta est. For the simple form *labi* cp. Verg.

Ecl. i. 63 quam nostro illius labatur pectore vultus.—The MSS. give *non capitur*, for which *non carpitur* has also been proposed.

promptum hoc et in expedito positum: 'this promptitude and readiness for action.' The neuter of the adj. and the part. are used along with the demonstrative in place of abstract nouns, in which Latin is not strong.

rarum est ut = raro fit ut. Cp. primum est ut 2 § 18.

non omnino. The adverb strengthens the negative (cp. οὐ πάνυ), instead of the negative being employed for the negation of the adverb.

§ 25. est alia exercitatio, &c. There is another *exercitatio* (i.e. as a help to keeping up the *facultas ex tempore dicendi*) viz. the going over our subject-matter in silent thought, as we can do always and everywhere. *Cogitandi* and *persequendi* are genitives of definition, or epexegetic genitives (standing in the place of appositional infinitives): cp. exitus mortis, τέλος θανάτοιο.—The oldest MSS. give *est illa*, for which Spalding proposed to write *est et illa*: cp. est et illud vitium v. 13, 51. Perhaps *est et alia*, as Tac. Germ. 10 est et alia observatio auspiciorum, qua, &c.: cp. 1 § 34. § 25.

totasque materias . . . persequendi: cp. 5 § 21 per totas ire materias.

tamen: i.e. even though it be *silentio*.

dicat. Again the subject (sc. orator) is to be supplied out of the context. Cp. 1 § 7.

explicari potest: 'can have full scope given to it.'

in parte, often in Quintilian. See on 1 § 88.

haec proxima: viz. that recommended in § 24 ut cotidie dicamus audientibus pluribus: to which *illa* and *prior* in § 26 refer.

§ 26. diligentius enim componitur quam illa: 'it (i.e. discourse thus premeditated) is more accurately put together.' The grammatical subject of *componitur* is *exercitatio cogitandi*, &c. but the virtual subject is *oratio quam cogitando persequimur*, or *tacita oratio* (as shown by *dum tamen quasi dicat intra se ipsum*). *Illa* (like *proxima*) refers to the practice of extempore speaking. Grammatically the *exercitatio* of § 24 must be understood along with it: logically the *oratio* which is the result of that *exercitatio*. § 26.

contextum dicendi: cp. § 13.

veremur, with infin. as 1 § 101, and even in Cicero, de Fin. ii. § 39.

rursus, 'on the other hand.'

in alia confert. See on 1 § 1 for the constr. of *conferre* (συμφέρειν): cp. 5 § 11 in hoc facient.

prior, viz. speaking.

firmitatem. In such enumerations Quintilian does not repeat the prep.: cp. 2 § 16.

oris facilitatem = 'ease of utterance.'

ut dixi, 3 § 21.

sicut cauda leones. Hom. Il. xx. 170 *οὐρῇ δὲ πλευράς τε καὶ ἰσχία ἀμφοτέρωθεν Μαστίεται, ἑὲ δ' αὐτὸν ἐποτρύνει μαχέσασθαι*: Hesiod, Shield of Herc. 430 *γλαυκιόων δ' ὄσσοις δεινὸν πλευράς τε καὶ ὤμους οὐρῇ μαστιόων ποσσὶ γλάφει.* Plin. Nat. Hist. viii. 16, 19.

studendum, 3 § 29. Cp. note on *studiosis* 1 § 45.

§ 27. § 27. **tam est . . . occupatus.** The order supports the traditional reading at 1 § 83, where see note.

lucrativae operae. Tr. 'a few precious moments': *lucrativa opera* means an occupation which profitably occupies our spare time. The adjective is properly a legal term, applied to things acquired by gift or bequest.

Cicero. The reference seems to be to the remark addressed to Brutus in the Orator § 34 iam quantum illud est quod in maximis occupationibus numquam intermittis studia doctrinae, semper aut ipse scribis aliquid aut me vocas ad scribendum. So in the Brutus § 332 he praises his *perennia studia*, and § 22 his *singularis industria.*—The words are, however, awkward where they stand, and may be a gloss, as also *aut legendum* immediately afterwards.

siquidem, see on § 2, above.

C. Carbo. In the Brutus §§ 103–105 Cicero eulogises his eloquence and industry. Cp. de Orat. 1 § 154.

§ 28. § 28. **Ciceroni.** The reference cannot be traced.

ubicumque: see on 1 § 5.

pondus, 'solidity.'

innatans, sc. in superficie: 'floating' and so 'superficial.' Cp. Persius i. 104–5 summa delumbe saliva Hoc natat in labris: so 3 § 2 verba in labris nascentia, where see note.

in altum reducetur = in profundum, giving the antithesis to the figure ('the shallows') involved in *innatans.* Tr. 'will gain in depth.'

proximas, the uppermost roots, which protrude from the surface of the ground. By paring these away, the taproots (inferiores) are forced to strike deeper.

§ 29. § 29. **nescio an** = fortasse, as at 6 § 1: see on 1 § 65. Tr. 'and I rather think that there is this reciprocal advantage, viz. that,' &c.

utrumque, i. e. dicere and scribere, both in the way of *exercitatio.*

debent . . . dicere. If there is time for neither writing nor preparation, the discipline which is being recommended ought nevertheless to enable him to 'speak in such a way that no one will think either that the pleader has been taken aback or that the client has been left in the lurch.' The emendation *sic dicere*, which I introduce in the text (for MS. *inicere*), seems in harmony not only with the tradition of the MSS. but also with the whole context. There is the same sequence immediately below (§ 30) *scribant . . . cogitatione complectantur . . . subitis extempore occurrant.*

§ 30. **utique**, 'especially,' or 'at all events': see on 1 § 20. **§ 30.**

domo adferunt cp. 6 § 6.

subitis: 'emergencies,' unforeseen developments, e. g. questions and objections by the other side.

commentariis: 'note-books,' memoranda containing jottings, outlines, &c.

feruntur: see note on ferebantur 1 § 23.

et . . . et = 'some . . . others.' In the one case the actual jottings have been found, just as they were originally set down for the guidance of the speaker: in the other they have been put together in book form, for the benefit of later readers.

causarum, sc. commentarii: outlines of cases.

Servio Sulpicio: see on 1 § 116. He left only three written speeches, but his friends had edited his notes of the numerous cases in which he had appeared.

hi. The memoranda, as opposed to the finished speeches (orationes).

exacti: see on 2 § 14.

in memoriam posteritatis: see on 1 § 31.

§ 31. **Nam**: see on 1 § 12. The meaning is as follows: I **§ 31.**
make special mention of the finished character of Sulpicius's outline speeches, as written out by himself: for in Cicero's case it is different: his commentarii 'non sunt ab ipso compositi in memoriam posteritatis.' Moreover they are not now in their original form.

contraxit, 'abbreviated.' Sulpicius's memoranda are so finished that one might think he had intended them to survive. This gives two points of contrast with Cicero. The first (cp. *exacti* with *ad praesens modo tempus aptatos*) would hardly be enough by itself, as Quintilian rather insinuates than asserts that Sulpicius intended his jottings to go down to posterity: the second is that in Cicero's case we have his sketches in a still briefer form than that in which they were originally composed.—Others take *contraxit* as = collected: cp. Tac. Dial. 37.

quos . . . probem. The meaning is this: I do not make this apology or explanation (excuso) as to the character of Tiro's abridgment compared with the studied elaboration of Sulpicius, with any idea of implying inferiority, but in order that—even in their present form—they may excite even greater admiration of Cicero's genius.—For *non quia* with subj. cp. § 19 above.

in hoc genere, i. e. in this *extemporalis actio*. The opposite is 'in his quae scripserimus' § 32.

recipio: 'I allow, admit,' δέχομαι: cp. Cic. de Off. iii. § 119 non recipit istam coniunctionem honestas, aspernatur, repellit.

hanc seems to indicate what was a common practice in Quintilian's time. *Adnotatio* is first found in Quintilian.

§ 32. § 32. **Laenas**, Popilius, a rhetorician who flourished under Tiberius.

et in his quae scripserimus. The reference obviously is to speeches carefully written out before delivery (contrast *in hoc genere* above, of the extempore kind). Quintilian says that he cannot approve of Laenas's recommendation that, after we have written out a speech in this way, we should proceed to prepare an abstract. Dependence on this abstract will make us careless about learning off what we have written, and this will check the flow of our eloquence, and mar and disfigure our discourse.

velut summas in . . . conferre. The reading is very uncertain. The text may be rendered 'to enter in a notebook arranged according to heads the essence, as it were,' of what we have written, the genitive required by *summas* being supplied out of *in his quae scripserimus*. Cp. Cic. Brut. § 164 non est oratio sed quasi capita rerum et orationis commentarium paulo plenius.—For *et in his* the MSS. give *ne in his*.

haec . . . fiducia. See on 3 § 2 hac conscientia.

ne . . . quidem: 'neither should we.' There is no climax here: cp. the use of οὐδέ in Greek.

quod non simus. We ought not to write out what we do not intend to commit perfectly to memory; it would be better to trust to 'extemporalis facilitas.' If we do so, he goes on to say, our imperfect recollection of what we have written (illa elaborata) will interfere with the free play of thought.

hic quoque: cp. 6 §§ 5–7.

praesentem fortunam: cp. 6 § 1 extemporalem fortunam.

§ 33. § 33 **scripta perdidit**, i. e. because he is suffering the consequences of *ediscendi neglegentia*.

non quaerit nova—being too much occupied with the attempt to remember what he had written.

de memoria = disputationi de memoria. See xi. 2.

INDEX OF NAMES.

INDEX OF NAMES.

INDEX OF WORDS AND PHRASES

THE END.

Cicero Textbooks

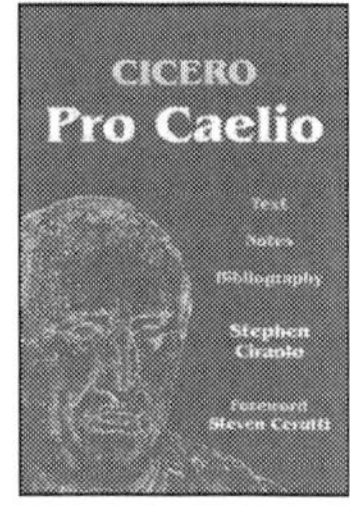

Cicero's First Catilinarian Oration
Karl Frerichs
80 pp. (1997, reprint 2000)
8½" x 11" Paperback, ISBN 0-86516-341-3

Cicero's Pro Caelio, 3rd edition
Stephen Ciraolo
xxxi + 239 pp. (1997, 3rd edition 2003)
6" x 9" Paperback, ISBN 0-86516-559-9

Cicero: De Amicitia
H.E. Gould and J.L. Whiteley
xiii + 178 pp. (1941, reprint 1999)
6" x 9" Paperback, ISBN 0-86516-042-2

Cicero: On Old Age De Senectute
Charles E. Bennett
326 pp. (1922, 1990, reprint 2002)
6" x 9" Paperback, ISBN 0-86516-001-5

Cicero: Pro Archia Poeta Oratio
Stephen M. Cerutti
160 pp. (1998, Revised Reprint 1999)
6" x 9" Paperback, ISBN 0-86516-402-9

Cicero: Pro Archia Poeta Oratio, companion book
Stephen M. Cerutti
128 pp. (1999)
6" x 9" Paperback, ISBN 0-86516-439-8

Digital Scholia

by Anthony L. Hollingsworth

The Digital Scholia and Education Pack is a series of multimedia commentaries and digital manuscripts (e-books) designed for viewing in the classroom, at home, or through distance learning programs. Included in the package are: over five hours of video lectures illustrating how to translate every sentence of Cicero's *In Catilinam I;* a concordance to the speech; and tables of most frequently used words.
This multimedia commentary and digital manuscript to aid students in comprehending and analyzing Latin authors.

Bolchazy-Carducci Publishers, Inc.
www.BOLCHAZY.com

Cicero Ancillaries

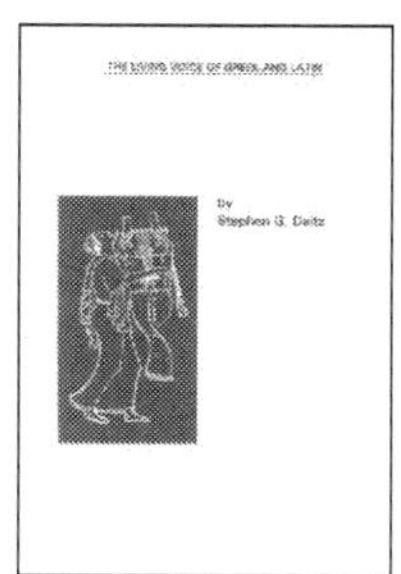

Completely Parsed Cicero
Archibald A. Maclardy
272 pp. (2004 enhanced reprint of 1902 edition)
Paperback, ISBN 0-86516-590-4

Cicero the Patriot
Rose Williams
Student: vi + 92 pp. (2004)
Paperback, ISBN 0-86516-587-4
Teacher: xi + 74 pp. (2004)
Paperback, ISBN 0-86516-588-2

The Living Voice of Latin
Cicero: Selections
Including the *In Catalinam I* and *Pro Archia*
as read by Robert P. Sonkowsky
Order #23680: booklet and 2 cassettes

Performing Cicero's Speeches
An Experimental Workshop
Jon Hall and Robin Bond
23 minute videotape + 28 page booklet (2003)
VHS Videotape & Booklet, ISBN 0-86516-488-6

Comedy in the Pro Caelio
Katherine A. Geffcken
viii + 89 pp. (1973, Reprint 1995)
Paperback, ISBN 0-86516-287-5

The Lock
A historical novel about Cicero and his times
by Benita Kane Jaro
xxii + 282 pp., Original Illustrations (2002)
Paperback, ISBN 0-86516-535-1

Asconius
Commentaries on
Five Speeches of Cicero
Simon Squires
x + 166 pp. (1990)
Paperback, ISBN 0-86516-220-4

Gilgamesh

The Genesis of Literature

The Epic of Gilgamesh, 2nd edition
Verse rendition by Danny Jackson
115 pp. (1997, Reprint 2000)
5½" x 8½" Paperback, ISBN 0-86516-352-9

Gilgamesh: A Reader
John Maier, ed.
504 pp. (1997)
6" x 9" Paperback, ISBN 0-86516-339-1

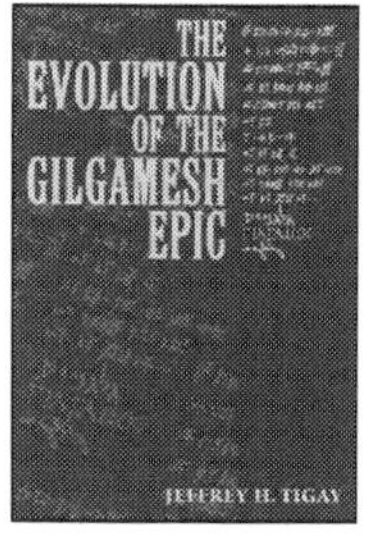

Songs of the Frontier Warrior
Albanian Epic in a bilingual
English/Albanian editon
Robert Elsie & Janice Mathie-Heck
416 pp. (2004)
6" x 9" Paperback, ISBN 0-86516-412-6

The Evolution of the Gilgamesh Epic
Jeffrey H. Tigay
xx + 384 pp. (Reprint 2002)
6" x 9" Paperback, ISBN 0-86516-546-7

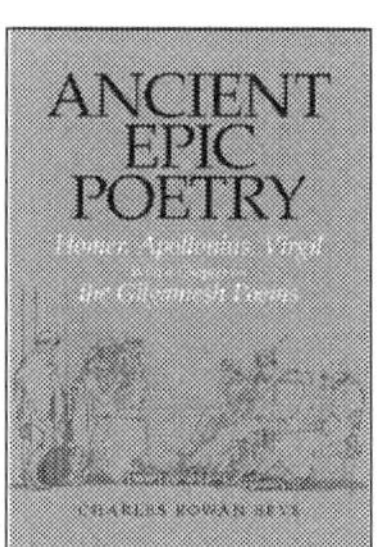

Ancient Epic Poetry
Second edition with a new chapter on
the Gilgamesh poems
Charles Rowan Beye
404 pp. (1984, On Demand 2005)
6" x 9" Paperback, ISBN 0-86516-307-2

Gilgamesh: A Myth Revisited
Saul Tchernichovsky, Danny P. Jackson,
David S. Kahn, James G. Keenan
404 pp. (2002)
9⅜" x 13½" Deluxe Case Bound, ISBN 0-86516-527-0

For more information, visit

www.Gilgamesh-Online.com

Bolchazy-Carducci Publishers, Inc.
www.BOLCHAZY.com

Made in the USA
Charleston, SC
27 July 2010